I0023713

VENTAIRE
²563⁴4

SOUVENIRS

DE JEUNESSE

EXTRAIT DES MÉMOIRES DE MAXIME ODIN,

PAR

Charles Nodier.

PROPRIÉTÉ DE L'ÉDITEUR

BRUXELLES.

SOCIÉTÉ BELGE DE LIBRAIRIE.

HAUMAN ET Cᵉ.

1842

SOUVENIRS

DE JEUNESSE.

3222

56374

SOUVENIRS

DE JEUNESSE

EXTRAIT DES MÉMOIRES DE MAXIME ODIN,

PAR

CHARLES NODIER.

BIBLIOTHÈQUE NATIONALE R.F. IMPRIMÉS

ACQUISITION N.º 55,352

BRUXELLES.

SOCIÉTÉ BELGE DE LIBRAIRIE.

HAUMAN ET Cᵉ.

1842

DÉDICACE.

Quod spiro et placeo, si placeo, suum est.

En intitulant ce volume : *Souvenir de jeunesse*, j'ai voulu exprimer le sentiment général qui domine dans sa composition, ce besoin commun à tous les hommes qui atteignent un âge difficile et sévère de retourner quelquefois par la pensée aux charmantes illusions d'un

1

âge d'expansion et d'espérance. Comme il n'y a point d'amusement plus agréable pour la mémoire que celui qu'elle goûte dans cette grâcieuse récapitulation des années écoulées , il n'y a point de sujet plus capable d'alléger le poids du travail , et de le changer en plaisir. Ce n'était pas un secret à négliger pour moi , lorsque les occupations assidues de l'homme de lettres , auxquelles je n'étais certainement pas voué par l'instinct du talent , devinrent ma dernière ressource contre la mauvaise fortune. Quand on a la gloire devant soi , le courage ne manque pás aux labeurs les plus pénibles. A défaut de ce stimulant généreux , ils ne peuvent se passer de quelque attrait qui soulage la patience et ravive l'imagination. Le souvenir , selon moi , ne le cède à aucun autre en douceur , et ce que tout le monde rêve avec enchantement de sa vie passée , moi , je l'écris.

Je n'ai cependant pas eu la prétention de me peindre. Elle serait fort déplacée dans un pauvre nouvellier dont la vie obscure est peu propre à fournir d'utiles enseignemens à celle des autres. Ce que je peins , c'est le jeune homme que j'étais , sensible , enthousiaste passionné à sa manière, et ce portrait n'est pas celui d'un individu ; c'est celui d'une espèce. Ce qui m'est réellement personnel, c'est ici que j'ai voulu le dire, parce qu'il est convenu dans le genre modeste de littérature auquel je me suis consacré qu'on dit tout ce qu'on veut dans les préfaces.

A seize ans, je pressentais que j'écrirais, et que mon nom prendrait au moins place dans la table d'un *Almanach des Muses*, ou dans les pages badines d'un dictionnaire persifleur comme celui de Rivarol. Je ne crois pas que mon ambition se soit jamais proposé, de l'aveu de mon jugement, une plus brillante perspective, et il y avait certainement de quoi me dégoûter de la carrière où mes inclinations me poussaient ; mais qui peut vaincre ce démon, une fois qu'il en est possédé ? Il a des fascinations si délicieuses d'ailleurs que je lui pardonnerais le mal qu'il m'a fait, s'il n'avait donné un peu de chagrin à mon père.

J'allais donc toujours, et j'ai déjà dit que ce n'était pas l'orgueil qui me soutenait. C'était un instinct fort différent qui n'est pas sans va-

nité, peut-être, mais qui avait son excuse. Je
ne voyais dans l'art de l'écrivain qu'un moyen
de se faire aimer, et je n'ai jamais eu d'autre
passion. L'idée d'occuper le cœur d'une femme
que je ne rencontrerais jamais, l'espoir d'obtenir quelque secrète amitié d'un bon jeune
homme organisé comme moi, et sensible aux
émotions qui débordaient de mon âme sans
trouver où se répandre, le désir d'exciter
quelque part ce mouvement d'attraction, qui
m'entraînait moi-même vers certains auteurs
de peu de réputation, mais inspirés de pensées
affectueuses et touchantes, c'était le nerf et le
mobile de mon petit génie. «Qui sait d'ailleurs,
» me disais-je, s'il n'existe pas quelque part
» dans le monde littéraire une de ces créatures
» puissantes auxquelles Dieu a donné des yeux
» assurés pour le contempler dans sa gloire, et
» des ailes pour voler à lui, et qui cependant
» correspondent avec moi de l'élévation où elle
» sont parvenues, par des sentimens fraternels?
» Où me chercheraient-elles, si je ne leur criais
» de la basse région où je suis caché dans la
» foule : *C'est ici que je suis* ! Tout jeune, j'ai
» déjà été aimé de Chantrans, de Pichegru,
» de Benjamin- Constant, de Droz, de Weiss,

d'Oudet, privilégiés de tant de supériorités diverses entre tous les hommes; pourquoi ne serais-je pas un jour le Borderie d'un autre Marot, le La Boétie d'un autre Montaigne, ou le Valincour d'un autre Boileau? et si les titres de ceux-là sont encore trop hauts pour la portée de mon esprit, il ne m'est pas défendu au moins de devenir l'ami Gache d'un La Fontaine ou l'ami Bache d'un Rousseau ! C'est assez pour vivre à jamais. »

La fortune de mes espérances les a grandement dépassées. Chateaubriand m'a nommé son cher élève, et Victor Hugo, son frère. Il est arrivé à côté d'eux un homme d'élection qui a pris place au niveau de toutes les gloires; qui s'est élevé au-dessus de sa gloire même par la perfection de son cœur ; qui a été nouveau dans le classique, et classique dans le nouveau, mais dont l'âme vaut mille fois mieux encore que le génie ; qu'on admire quand on le lit et qu'on chérit quand on le voit ; dont on voudrait être le laquais pour aspirer à l'honneur de devenir son valet de chambre, comme Jean-Jacques l'a dit de Fénélon, et qui m'a permis de le nommer le plus tendre, et un des plus

1.

aimés de ses amis. J'aurais eu beaucoup à faire pour justifier tant de bonheur, si j'avais voulu le consacrer par un digne hommage. Il a fallu y renoncer. Ce que l'homme dont je parle aura de moi, c'est seulement le plus intime de mes livres, celui qui est le plus mien, et que j'aime le mieux. C'est tout ce que je puis.

Quant à mon inscription dédicatoire, tout le monde l'a déjà remplie, et je l'abandonne aux soins de l'imprimeur.

A

ALPHONSE DE LAMARTINE,

Charles Nodier.

MÉMOIRES

De Maxime Odin.

✺

AVERTISSEMENT

DE L'ÉDITEUR.

Je ne dirai pas comment ces *Mémoires* sont tombés entre mes mains, et quelle secrète sympathie de sentimens ou d'aventures m'a prévenu en faveur de l'auteur, au point de me faire oublier le soin de mes propres études pour prendre le temps de recoudre quelques lambeaux de son journal. Le mystère d'une impression aussi intime n'est pas une de ces idées qui se révèlent avec des mots, et quand je parviendrais à le faire comprendre, il ne me justifierait pas auprès des lecteurs qui ne sont pas disposés à goûter mon entreprise. Ce que je leur dois avant tout, pour ne pas les tromper dans leur attente, c'est l'aveu du peu d'importance des souvenirs personnels dont Maxime Odin se plaît à charmer aujourd'hui les ennuis désormais incurables d'une vie désabusée, et que je recueille presque au hasard dans ses tablettes. Jeune, c'était un de ces hommes d'émotions, qui ni vivent au milieu de notre société artificielle et de nos mœurs de convention que par le cœur et par la pensée ; qui arrivent dépaysés dans le monde, étrangers à la langue qu'on y parle, à la loi des nécessités qu'on y subit, à la destinée qu'on s'y fait ; et qui, après avoir inutilement pro-

digué autour d'eux les expansions d'une sensibilité crédule, finissent par se composer, bon
gré mal gré, une espèce de solitude où ils em-
portent leurs illusions à défaut de réalités.
L'état qui résulte de cette aberration volontaire
est ce qu'on appelle la vie romanesque, et j'ai
entendu dire souvent qu'elle n'était pas sans
douceurs. Il a du moins cela d'avantageux qu'il
se concilie à merveille avec l'indépendance,
et qu'il peut se passer d'alimens extérieurs,
ou plutôt que tout est bon pour lui en tenir
lieu. L'imagination, condamnée à chercher
incessamment le type qu'elle s'est formé, ne
trouverait à la fin que le désespoir. Elle n'a
qu'un moyen de le posséder dans toute sa perfection idéale, et ce moyen, qui serait trop
commode si la nature l'avait mis à la portée de
toutes les organisations, consiste à imprimer
ce type de fantaisie au premier objet venu.
Voilà un homme qui vous montre sa main pleine
de sable, et qui vous dit : Qu'est-ce que cela?
— C'est du sable, répondez-vous. — Erreur
grossière ! il y voit des rubis, des saphirs, des

topazes, des émeraudes, et ce qu'il voit y est réellement pour lui, parce qu'il regarde avec un prisme. Si Dieu est solitaire, ce qu'on ne peut se dispenser de croire sans faire tort du principal à son éternelle et suprême béatitude, je suppose que c'est ainsi qu'il doit voir et qu'il doit aimer les créatures qui procèdent de lui.

L'homme romanesque n'est donc pas celui dont l'existence est variée par le plus grand nombre possible d'événemens extraordinaires. Il en arrive presque toujours tout autrement. C'est celui en qui les événemens les plus simples eux-mêmes développent les plus vives sensations; celui dont l'âme, indifféremment avide de troubles et de voluptés, ne se lasse jamais de ces alternatives extrêmes; celui que tout émeut, et qui exerce sur tout ce qui l'émeut l'inépuisable faculté de jouir et de souffrir, sans soumettre ni ses craintes, ni ses espérances, ni ses peines, ni ses plaisirs, au jugement de la raison. S'il écrit, ne demandez pas à son livre les scènes à effet du drame, les habiles combinaisons du roman, le merveilleux des fictions fantastiques ; n'y cherchez pas un plan , une méthode , un système littéraire, un style arrêté , il n'entend rien à tout cela. Il ne sait de l'univers que ce qu'il a senti. Sa vie , c'étaient ses affections ; son génie , c'est son cœur. Ses esquisses n'auront qu'un mérite très-relatif , la vérité ; non pas la vérité positive , la vérité des indifférens et des sages , la vérité des penseurs et des pédans , mais toute la vérité que peut comporter sa nature. Il se gardera bien d'y ajouter , d'en retrancher un seul détail. Ce serait autre chose , ce ne serait plus lui. Ce qui le charme dans ses souvenirs , c'est que ce sont des souvenirs , et la plus séduisante des inventions du poète ne le distrairait pas de ces souvenirs tout simples , tout vulgaires , qu'on n'inventerait pas , et qui ne valent pas la peine d'être inventés.

Mais ce qui ne vaut pas la peine d'être inventé vaut-il la peine d'être lu ?

C'est ce qui vous retse à décider , et ne perdez pas de temps , car il va parler lui-même.

SOUVENIRS

DE JEUNESSE.

𝕾𝖊́𝖗𝖆𝖕𝖍𝖎𝖓𝖊.

❋

Le plus doux privilége que la nature ait accordé à l'homme qui vieillit c'est celui de se ressaisir avec une extrême facilité des impressions de l'enfance. A cet âge de repos, le cours de la vie ressemble à celui d'un ruisseau que sa pente rapproche, à travers mille détours, des environs de sa source, et qui, libre enfin de tous les obstacles qui ont embarrassé son voyage inutile, vainqueur des rochers qui l'ont brisé à son passage, pur de l'écume des torrens qui a troublé ses eaux, se déroule et s'aplanit tout à coup pour répéter une fois encore, avant de disparaître, les premiers ombrages qui se soient mirés à ses bords. A le voir ainsi , calme et transparent , réfléchir à sa surface immobile les mêmes arbres et les mêmes rivages , on se demanderait volontiers de quel côté il commence et de quel côté il finit. Il faut qu'un rameau de saule , dont l'orage de la veille lui a confié les débris , flotte un moment sous vos yeux , pour vous faire reconnaître l'endroit vers lequel son penchant l'entraîne. Demain le fleuve qui l'attend à quelques pas l'aura emporté avec lui , et ce sera pour jamais.

Tous les intermédiaires s'effacent ainsi dans les souvenirs de la vieillesse , reposée des passions orageuses et des espérances déçues, quand les longs voyages de la pensée ramènent l'homme , de circuits en circuits , parmi la verdure et les fleurs de son riant berceau. Cette volupté , j'en suis témoin , est une des plus vives de l'âme , mais elle dure peu , et c'est la seule d'ailleurs que puissent envier à ceux qui ont eu le malheur de vivre long-temps ceux qui ont le bonheur de mourir jeunes.

A l'âge de douze ans , j'avais achevé les études superficielles des enfans , et par conséquent je ne savais rien ; mais j'avais heureusement appris ce qu'on apprend rarement au collége ; c'est que je ne savais rien , et que la plupart des savans eux-mêmes ne savaient pas grand'-chose. J'étais si avide d'instruction, qu'il m'est souvent arrivé d'épeler avec effort l'alphabet d'une langue inconnue , pour me mettre en état de lire des livres que je ne comprenais pas ; et dans d'autres circonstances que celles où j'ai vécu, cette vague et stérile curiosité serait devenue peut-être une aptitude. Mais de tous les alphabets écrits ou rationnels que j'es-sayais de déchiffrer , il n'y en avait point qui m'inspirât autant de ferveur que celui de la nature. Il me semblait déjà , car je n'ai pas changé d'opinion , que l'étude approfondiedes faits de la création était plus digne qu'aucune autre d'exercer une saine intelligence , et que le reste n'était guère bon qu'à occuper les loi-sirs futiles ou extravagans des peuples dégéné-rés. Un séjour de quelques semaines chez un bon ministre de Vindenheim en Alsace , fort amateur de papillons , m'avait aidé à soulever le voile le plus grossier de cette belle Isis dont les secrets délicieux devaient mêler tant de charmes quelques années après aux misères de

2.

mon exil. J'étais rentré dans mes montagnes,
le filet de gaze à la main, la boîte de fer-blanc
doublée de liége dans la poche, la loupe et la
pelotte en sautoir, riche et fier de quelques
lambeaux d'une nomenclature hasardée qui
m'initiait du moins au langage d'un autre univers, où je pourrais marcher le cœur libre,
la tête haute et les coudées franches, avec plus
d'indépendance que ne m'en promettait le
monde factice des hommes. Quand on n'est pas
organisé de manière à vivre avec eux, on en
reçoit la révélation de bonne heure, et quicon-
que a reçu cette révélation sans lui obéir ne
doit s'en prendre qu'à lui de ses infortunes. Il
a été le seul artisan de sa mauvaise destinée.

Il y avait alors dans ma ville natale un
homme d'une quarantaine d'années qui s'appelait M. de C...., et qu'au temps dont je parle
on appelait plus communément le citoyen
Justin, du nom de son patron, parce que la
révolution lui avait ôté celui de son père. C'é-
tait un ancien officier du génie, qui avait
passé sa vie en études scientifiques, et qui dé-
pensait sa fortune en bonnes œuvres. Simple
et austère dans ses mœurs, doux et affectueux
dans ses relations, inflexible dans ses princi-

pes, mais tolérant par caractère, bienveillant
pour tout le monde ; capable de tout ce qui
est bon, digne de tout ce qui est grand, et
modeste jusqu'à la timidité au milieu des
trésors de savoir qu'avait amassés sa patience
ou devinés son génie ; discutant peu, ne péro-
rant pas, ne contestant jamais ; toujours prêt
à éclairer l'ignorance, à ménager l'erreur, à
respecter la conviction, à compatir à la folie,
il vous aurait rappelé Platon, Fénélon ou Ma-
lesherbes ; mais je ne le compare à personne :
les comparaisons lui feraient tort. Le vulgaire
soupçonnait qu'il était fort versé dans la médecine, parce qu'on le voyait le premier et le
dernier au chevet des pauvres malades, et qu'il
était à son aise, parce qu'il fournissait les re-
mèdes ; mais on le croyait aussi un peu bizarre, parce qu'il était avec moi le seul du
pays qui se promenât dans la campagne, armé
d'un filet de gaze, et qui en fauchât légèrement la cime des hautes herbes sans les en-
dommager, pour leur ravir quelques mouches
aux écailles dorées, dont personne ne pouvait
s'expliquer l'usage. Cette analogie de goûts
rapprocha bientôt nos âges si éloignés. Le hasard voulait qu'il eût été l'ami de mon père,

et je ne tardai pas à trouver en lui un autre père dont le mien fut un moment jaloux ; mais ils s'entendirent mieux pour mon bonheur que les deux mères du jugement de Salomon. Ils se partagèrent ma vie pour l'embellir tous les deux.—Il le fallait. Il arriva une terrible loi, de je ne sais plus quel jour de floréal, qui exilait les nobles des villes de guerre, et le plus sage des sages avait le tort irréparable d'être noble. Depuis que cette funeste nouvelle s'était répandue, je ne vivais plus ; je n'embrassais plus mon pauvre père sans le noyer de mes larmes, parce que mon ami s'en allait. « Console-toi, me dit-il un jour; il ne va pas loin. J'ai obtenu qu'il ne se retirât qu'à trois lieues, j'ai consenti à te laisser partir avec lui, et avec tes jambes de cerf, tu pourras venir m'embrasser sans pleurer une ou deux fois la semaine. » Je crus que je mourrais de joie, car il me semblait comme cela ne les quitter ni l'un ni l'autre. Nous partîmes donc; le peuple murmurait sur notre passage : Voilà encore des nobles qui s'en vont ! — Et c'est l'unique fois de ma vie que j'ai pris plaisir à entendre dire que j'étais noble. Nous allâmes habiter un joli village éparpillé sur les deux bords d'une pe-

tite rivière qu'on appelait le *Biez* , suivant l'u-
sage du pays , et qui était garnie de côté et
d'autre d'un rang pressé de jeunes peupliers.
Ils doivent avoir bien grandi ! Notre maison
était , dans sa simplicité , la plus magnifique de
la commune , et l'appartement que nous occupions au premier et dernier étage aurait fait
envie à dix rois que j'ai rencontrés depuis
dans les plus méchantes auberges de l'Europe.
Il se composait de deux chambres enduites
d'un plâtre blanc et poli , dont la propreté
charmait la vue. Celle du citoyen Justin qui
était la plus grande , comme de raison , ne
manquoit pas d'un certain luxe d'ameuble-
ment , quoique le principal s'y réduisît à une
couchette de paille (il n'avait jamais d'autre
lit , et je me suis fort bien trouvé dès lors
d'avoir contracté près de lui cette habitude) ;
à deux fortes chaises de bois de noyer , et à
deux grandes tables de la même matière et du
même travail , cirées comme des parquets et
luisantes comme des miroirs. La première ,
qui avait au moins cinq pieds de diamètre
occupait de sa vaste circonférence le milieu
du superbe salon dont je commence la des-
cription avec un sentiment si vif et si présent

des localités, que j'en reconnaîtrais tous les détails à tâtons, si j'y étais transporté de nuit par la baguette d'une bonne fée, quoiqu'il y ait aujourd'hui, 12 octobre 1831, trente-sept ans, jour pour jour, que j'y ai laissé à peu de chose près la petite part de bonheur qui devait m'échoir sur la terre. Celle-là portait tous nos ustensiles de travail et d'observation journalière, les presses, les pinces, les scalpels, les ciseaux, les poinçons, les loupes, les lentilles, les microscopes, les étoupes, les yeux d'émail, le fil de fer, les épingles, les goupilles, le papier gris, les acides et les briquets, pièces indispensables, s'il en fût jamais, d'un équipage de naturaliste; c'est là qu'on analysait, qu'on disséquait, qu'on empaillait les animaux; c'est là que l'on comptait les articles du tarse ou les parties de la bouche d'un insecte imperceptible à l'œil nu, les étamines ou les divisions du stigmate d'un végétal, nain de l'empire de Flore; c'est là qu'après les avoir desséchées, on étendait les plantes avec une minutieuse précaution sur les blancs feuillets où elles devaient revivre pour la science, et qu'on assujétissait leurs pédoncules et leurs rameaux sous de légères bandelettes fixées à la

gomme arabique , en prenant garde de faire
valoir leurs parties les mieux caractérisées, et
de ne pas altérer leur port et leur physionomie ;
c'est là qu'on essayait les pierres au contact
des houppes nerveuses les plus développées de
notre organisme , au choc du fer , aux sympathies de l'aimant, au jeu sensible des affinités,
à l'effervescence et aux décompositions que
produisent les réactifs : c'était le modeste laboratoire où venaient se révéler l'un après
l'autre tous les secrets de la nature.

Sur la paroi du fond , car je suis bien décidé
à ne vous faire grâce d'aucun détail , était la
couchette dont je vous ai parlé , flanquée de
nos deux fauteuils de cérémonie , terminée au
pied par le mobilier exigu d'une toilette philosophique , et appuyée sur l'arsenal de nos
grandes expéditions , freloches de toutes les
dimensions , de toutes les formes et de toutes
les couleurs , outils à fouir , outils à saper ,
pieux à sauter les ravins , gaules à frapper les
ramées. Il n'y manquait qu'un fusil , mais c'é-
tait une arme interdite aux naturalistes sus-
pects, et les nôtres n'inspiraient déjà que trop de
défiance dans les mains d'un philosophe et d'un
enfant. Dessous gisaient le marteau à rompre le

roc et la pointe à déchausser les racines. Deux
bâtons légers mais noueux, contre les loups et
les serpens, complétaient ce formidable appareil de guerre. Je puis vous assurer que cela
était terrible à voir.

La muraille de la droite ouvrait son unique
fenêtre sur une source murmurante qui allait
mourir dans le Biez, en bondissant sur les cail-
loux, et dont je crois entendre encore le fracas mélodieux. Dans la partie de l'appartement
qui précédait cette croisée, nous avions assis sur des consoles trois gracieuses tablettes
dont la première ou l'inférieure supportait les
boîtes de chenilles et des chrysalides, fermées de
fins réseaux, qui étaient confiées à mes soins
particuliers, et la seconde, les planchettes po-
lies où nous étalions nos papillons, sous des
plaques de verre qui contenaient leurs ailes
sans les froisser. La dernière était garnie de fla-
cons bouchés à l'émeri, qui renfermaient le
camphre destiné à saupoudrer tous les soirs nos
boîtes de chasse, l'alcali volatil contre la pi-
qûre des frêlons et la morsure des vipères, et
l'esprit de vin conservateurs des reptiles et des
petits ovipares. Une armoire pratiquée tout auprès, et dont le citoyen Justin portait toujours

la clef , était réservée pour les trésors cent fois
plus précieux de la pharmacie domestique.

L'autre côté de la croisée était occupé par
notre seconde table dont je n'ai encore rien dit,
quoiqu'elle en valût bien la peine ; mais j'ai
cru devoir sacrifier l'ordre logique à l'ordre
descriptif dans cette topographie vraiment spé-
ciale qu'on ne refera pas après moi, car je suis
le seul qui m'en souvienne sur la terre, à moins
que M. de C.... n'ait conservé à quatre-vingts
ans quelque mémoire de ces jours d'exil , qui
furent pour moi des jours d'ineffables délices. Je ne savais pas même qu'il souffrait , et
son attentive bonté me dissimulait , sous une
humeur douce et riante , des chagrins qui auraient empoisonné mon bonheur. — Cette table était bien longue , à l'idée que je m'en
fais aujourd'hui. Toutes nos académies détrui-
tes par un vandalisme brutal mais naïf , et qui
avait au moins cette excuse de l'inexpérience
qu'il n'aura plus , y siégeaient à mes yeux dans
une seule personne. Un homme de génie écrivait là ces pages admirables, dont quelques rares amis ont reçu la confidence, tirée à dix ou
douze exemplaires , et qu'ignorera la postérité
qui ne pourrait plus les entendre. Devant lui ,

3

ses livres favoris étaient amassés sur trois
rayons, dont le premier avait peine à contenir nos auteurs usuels, le *Systema naturæ*, le
grave Fabricius, le bon Geoffroy, l'ingénieux
Bergmann, Lavoisier, Fourcroy, Bertholet, Ma-
quer l'éclectique, et Bernardin de Saint-Pierre
le poète. Au-dessus étaient rangés une bonne
édition d'Horace, un gros Sénèque le philosophe, que je ne lus pas alors, les *Essais* de Montaigne, que je lus deux fois de suite, et quelques volumes dépareillés du Plutarque d'A-
myot, que je lisais toujours. Plus haut, il y
avait une grande *Gerusalemme liberata*, dont je
n'ai jamais trop fatigué les marges somptueu-
ses, un *Ariosto* qui me fit aimer l'italien, un
Don Quichotte espagnol que je devinais à défaut de comprendre, et cinq ou six tragédies
de Shakespeare, qui me transportaient d'enthousiasme, quand le citoyen Justin me les
traduisit, au courant de sa lecture, dans
nos momens de récréation.— Je n'oublierai
pas qu'il avait profité d'un espace vide, pour
y glisser son carton de dessins, et qu'à l'extérieur il avait suspendu son violon.

En face du lit de mon ami était pratiquée notre seconde croisée, qui avait jour sur le Biez,

et d'où l'on suivait au loin des détours , entre
des fabriques charmantes et ses îlots de verdure , jusqu'aux lieux où son cours aboutissait à
un point brillant qui tremblait long-temps
comme un météore , et finissait par s'éteindre
sous les rayons du soleil. — Mais c'était à la
cloison de gauche que nous avions rassemblé
peu à peu toutes les merveilles de notre exhi-
bition , les oiseaux perchés sur leurs baguettes,
dans la vivacité de leurs attitudes naturelles , et
auxquels il ne manquait qu'un ramage pour
figurer une volière vivante ; les papillons, dé-
ployés dans de beaux cadres d'or que nous
avions apportés de la ville , et dont l'éclat de
leurs ailes effaçait la splendeur ; le serpent à la
bouche béante , qui défendait notre porte ,
comme le dragon des Hespérides , et les chau-
ves-souris, qui plongeaient leurs regards pétri-
fians comme celui des Gorgones , du haut de
son chambranle de sapin. Le musée de ce village , quand j'y pense , aurait fait envie à plus
d'une ville ; mais ce qu'il y a de plus certain,
c'est que son Aristote méritait un autre Alexan-
dre.

Notre journée d'investigations commençait
régulièrement à midi, après le repas du matin,

et durait jusqu'à la nuit ; car nous étions d'in-
trépides marcheurs. Nous allions et nous reve-
nions en courant, moi, questionnant sur tout
ce qui se rencontrait ; lui, répondant toujours
et à tout par des solutions claires, ingénieu-
ses et faciles à retenir. Il n'y avait pas un fait
naturel qui ne fournît matière à une leçon, pas
une leçon qui ne fît sur moi l'effet d'un plaisir
nouveau et inattendu. C'était un cours d'études encyclopédiques mis en action, et je suis
sûr maintenant que tout autre que moi en aurait tiré grand profit ; mais mon imagination
était trop mobile pour n'être pas oublieuse.
Arrivés aux champs ou aux forêts, nous en-
trions en chasse, et, comme mes collections se
commençaient à peine, chaque pas me procu-
rait une découverte ; je marchais en pays conquis.

Il n'y a point d'expression pour rendre la
joie de ces innocentes usurpations de la science
sur la nature rebelle et mystérieuse, et ceux
qui ne l'ont pas goûtée auront peut-être quelque peine à la concevoir. Encore aujourd'hui,
je me prends quelquefois à frémir d'un volup-
tueux saisissement en me rappelant la vue du
premier *carabus-auro-nitens* qui me soit apparu

dans l'ombre humide que portait le tronc d'un
vieux chêne renversé, sous lequel il reposait
éblouissant comme une escarboucle tombée de
l'aigrette du Mogol. Prenez garde à son nom,
s'il vous plaît : c'était le *carabus-auro-nitens*
lui-même ! Je me souviens qu'il me fascina
un moment de sa lumière, et que ma main
tremblait d'une telle émotion qu'il fallut m'y
reprendre à plusieurs fois pour m'en emparer.
Que les enfans sont heureux, et que les hommes sont à plaindre, quand il ne leur reste pas
assez de sagesse pour se refaire enfans ! il n'en
est pas de même des autres joies de la vie, lorsqu'elle a péniblement acquis la douloureuse
expérience de leur instabilité. J'en ai beaucoup
cherché depuis l'âge de vingt ans ; j'en ai goûté
beaucoup qui faisaient envie aux plus fortunés,
pas une seule cependant que ma bouche n'ac-
cueillît d'un sourire amer, et qui ne pénétrât
mon cœur d'une angoisse de désespoir. Que de
larmes brûlantes j'ai versées dans les extases
du bonheur, qui ont été comptées pour des
larmes de ravissement, parce qu'elles n'étaient
pas comprises ! Faites comprendre, si vous le
pouvez, à une âme éperdue d'amour, qu'il est
un moment de vos jours passés dont sa ten-

3.

dresse ne peut combler le vide éternel , et que cette minute , dont la rivalité impérieuse et triomphante éclipse tous vos plaisirs , est celle où vous avez trouvé le *carabus-auro-nitens* ! Il n'y a pourtant rien de plus vrai.

Les jours de pluie ou de neige , car en 1794 il y eut dans nos montagnes de la neige à la fin de mai , nous passions le temps à régler la disposition du riche mobilier dont je viens de dresser l'inventaire , ou bien nous lisions alternativement ; et, dans nos leçons , comme dans nos promenades , chaque fait avait son instruction. Chaque heure avait aussi son emploi ; et rien n'est plus propre à enlever au travail sa physionomie sévère que la variété des études. Les mathématiques nous délassaient de la chimie , et les beaux- arts des sciences. Je m'entretenais avec facilité dans le souvenir tout récent de mes études latines par la lecture assidue et passionnée de nos méthodistes ; qui avait pris tant d'empire sur mes pensées que je n'en concevais pas une seule sans qu'elle vînt à se formuler subitement en phrases concises et descriptives , hérissées d'ablatifs, comme celle de Linnée ; et si je m'étais reconnu depuis ce don caractéristique du talent qu'on appelle le style , je n'aurais pas été embarrassé à en expliquer les qualités et les défauts par ces premières habitudes de ma laborieuse enfance. Il serait peut-être plein , précis , pittoresque , propre à faire valoir les idées par leurs aspects saillans ; mais trop chargé de termes techniques et de traditions verbales ; abondant en épithètes justes mais qui n'expriment souvent que des nuances ; étranglé comme une proposition arithméthique , toutes les fois que j'essaie d'y faire entrer l'expression sous une forme puissante ; complexe et diffus comme une amplification , quand je sens le besoin de l'étendre et de la développer ; obscur pour être court ou pâle pour être clair , mais rappelant partout l'aphorisme dans le tour , et le latinisme dans la parole ; un mauvais style enfin , si c'était un style , et il n'y a pas dix hommes par siècle qui aient un style à eux ; mais un style sorti, tel qu'il est , de ma singulière éducation ; et que les circonstances ne m'ont pas permis de modifier depuis. Cela , c'est le dernier instrument d'une existence qui n'a pas eu le choix ; et je le jette au rebut sans regret , quoique je n'aie plus ni le temps ni la force d'en changer.

Les matinées étaient à moi. C'est le temps où

le citoyen Justin allait vaquer à l'arpentage de
la commune , visiter ses pauvres , soigner ses
malades , ou prêter aux cultivateurs des environs , le secours de ses lumières agronomiques.
Il lui restait à peine une heure avant midi pour
reconnaître les espèces qu'il avait recueillies la
veille , observer sous la lentille du microscope
l'économie intérieure de ces républiques d'a-
nimalcules inconnus jusqu'à lui , qu'il avait
découvertes dans les *conferves* et les *byssus* , ou
ajouter quelques lignes à sa correspondance
hebdomadaire avec la société philomatique de
Paris , seule dépositaire alors de toutes ces brillantes acquisitions des sciences physiques , dont
l'Institut a recueilli l'héritage. Mon ministère
particulier se bornait à pousser des reconnais-
sances autour du village , sur tous les points où
quelque mouvement du site , quelque cicons-
tance naturelle propre à l'exposition , quelque
accident favorable à de certains développemens , nous promettait une abondante récolte
de genres nouveaux. Je savais à ne pas m'y
tromper le petit bouquet d'aulnes ou de bou-
leaux qui balançait à ses feuilles tremblantes
des *eumolpes* bleus comme le saphir et des *chry-
somèles* vertes comme l'émeraude ; la jolie cou-

draie qu'affectionnaient ses élégans *attelabes* d'un rouge de laque, si semblables aux graines d'Amérique dont les sauvages font des colliers ; la plantation de jeunes saules où le grand *capricorne* musqué venait déployer les richesses de son armure d'aventurine, et répandre ses parfums d'ambre et de rose : la flaque d'eau voilée de nénuphars aux larges tulipes, et de petites renoncules aux boutons d'argent, où nageait le *ditique* aplati comme un bac, et du fond de laquelle l'*hydrophile* s'élevait sur son dos arrondi comme une carène, tandis qu'une peuplade entière de *donacies* faisaient jouer les reflets de tous les métaux sur leurs étuis resplendissans, à travers les feuilles des iris et des ménianthes. Je savais le chêne où les *cerfs-volans* vivaient en tribu, et le hêtre, à l'écorce d'un blanc soyeux, où gravissaient lourdement les *priones* géans. Il y a quelque chose de merveilleusement doux dans cette étude de la nature, qui attache un nom à tous les êtres, une pensée à tous les noms, une affection et des souvenirs à toutes les pensées ; et l'homme qui n'a pas pénétré dans la grâce de ces mystères a peut-être manqué d'un sens pour goûter la vie. Ces nomenclatures elles-mêmes, œuvre

d'un génie tout poétique, et qui sont probablement la dernière poésie du genre humain,
ont un charme inexprimable, à cet âge d'i-
magination où la fable et l'histoire n'ont pas
encore perdu leur prestige. Voyez-vous ces
brillantes familles de papillons, qui ne sont
que des papillons pour le vulgaire? C'est
une féerie complète d'enchantemens et de
métempsycoses pour l'enfant d'un esprit un
peu cultivé, qui les poursuit de son léger
réseau. Ceux-là sont les *chevaliers grecs* et
troyens. A sa cotte de mailles échiquetée de
jaune et de noir, vous reconnaissez le prudent *Machaon*, fils presque divin du divin Es-
culape, et fidèle, comme autrefois, au culte
des plantes qui recèlent de précieux spécifiques
pour les maladies et les blessures : il ne manquera pas de s'arrêter sur le fenouil. Si vous
descendez aux pacages, ne vous étonnez pas
de la simplicité de leurs habitans. Ces papillons
sont des *bergers*, et la nature n'a fait pour eux
que les frais d'un vêtement rustique. C'est
Tityre, c'est *Myrtil*, c'est *Corydon*. Un seul se
distingue parmi eux à l'éclat de son manteau
d'azur, sous lequel rayonnent des yeux in-
nombrables comme les astres de la nuit dans

un ciel étoilé ; mais c'est le roi des pâturages ,
c'est *Argus* , qui veille toujours à la garde des
troupeaux. Avez-vous franchi d'un pas curieux
la lisière des bois , défendue par *Silène* et les
satyres : voici la bande des *sylvains* , qui s'éga-
rent au milieu des solitudes , et les *nymphes* ,
encore plus légères , qui se jouent de votre
poursuite , laissent bientôt un ruisseau entre
elles et vous , et disparaissent, comme Lycoris,
sans redouter d'être vues , derrière les arbris-
seaux du rivage opposé. Tentez-vous le sommet
des montagnes les plus élevées : vous n'aurez
pas de peine à vous y rappeler l'Olympe et le
Parnasse ; car vous y trouverez les *héliconiens*
et les *dieux* ; *Mars* , qui se distingue à sa cuirasse d'acier bruni , frappé par le soleil de
glacis transparens et variés ; *Vulcain* flamboyant
de lingots d'un rouge ardent comme le fer
dans la fournaise, ou bien *Apollon* dans son plus
superbe appareil , livrant aux airs sa robe d'un
blanc de neige , relevée de bandelettes de
pourpre. Je jouissais avec un enthousiasme
que je ne pourrais plus exprimer de toutes ces
ravissantes harmonies ; mais je ne jouissais de
rien au monde autant que de ma propre existence. On a peint toutes les voluptés intimes

de l'âme ; je regrette qu'on n'ait pas décrit la
volupté immense qui saisit un cœur de douze
ans, formé par un peu d'instruction et par beaucoup de sensibilité à la connaissance du monde
vivant, et s'emparant de lui comme d'un apa-
nage, dans une belle matinée de printemps.
C'est ainsi qu'Adam dut voir le monde fait pour
lui, quand il s'éveilla d'un sommeil d'enfant,
au souffle de son créateur. Oh ! que la terre me
paraissait belle ! oh ! comme je suspendais mon
haleine pour écouter l'air des bois et les bruits
du ruisseau ! Que j'aime le pépiement des oiseaux sous la feuillée, et le bourdonnement des
abeilles autour des fleurs ! et j'étais là, comme
une autre abeille, caressant du regard toutes les
fleurs qu'elle caressait, et je nommais toutes
ces fleurs, car je les connaissais toutes par leur
nom, soit qu'elles s'arrondissent en ombelles
tremblantes, soit qu'elles s'épanouissent en
coupes ou retombassent en grelots, soit qu'elles
émaillassent le gazon, comme de petites étoiles
tombées du firmament. Les cheveux abandonnés
au vent, je courais pour me convaincre de
ma vie et de ma liberté; je perçais les buissons,
je franchissais les fossés, j'escaladais les talus,
je bondissais, je criais, je riais, je pleurais de

joie, et puis je tombais d'une fatigue pleine de délices ; je me roulais sur les pelouses élastiques et embaumées , je m'enivrais de leurs émanations, et, couché , j'embrassais l'horizon bleu d'un regard sans envie , en lui disant avec une conviction qui ne se retrouve jamais : « Tu n'es pas plus pur et plus paisible que » moi !..... » — C'était pourtant moi qui pensais cela !.... —

Dieu tout-puissant ! que vous ai-je fait pour ne pas me rendre , au prix de ce qui me reste de vie , une de ces minutes de mon enfance ! Hélas ! tout homme qui a éprouvé comme moi l'illusion du premier bonheur et des premières espérances , a subi , sans l'avoir mérité , le châtiment du premier coupable. Nous aussi nous avons perdu un paradis !

Le dimanche , c'était autre chose. Tout en chassant , tout en herborisant , tout en devisant, nous allions visiter nos voisins, causer histoire avec un vieux rentier goutteux qui s'était sagement réfugié au village contre les tempêtes de la ville , et qui savait sur l'ongle toutes les alliances de toutes les familles princières , depuis Robert-le-Fort et Gontran le-Riche ; causer botanique et matière médicale

4

avec un brave chirurgien qui estropiait intrépidement la langue des sciences naturelles
(heureux ses malades s'il n'avait estropié que
cela !) ; causer économie politique avec un gros
fermier qui avait fait une fortune considérable
aux affaires, et qui était tout fier, dans son
patriotisme de publicain, de frayer de temps
en temps avec le patriciat tombé en roture. Je
me souviens que celui-ci avait une fille de
vingt ans, d'une beauté remarquable, élevée
aux beaux-arts et au beau monde, nourrie de
toute la belle prose et de toute la belle poésie
de l'an II de la république ; et si romanesque,
si sentimentale, si nerveuse, que je l'ai re-
gardée long-temps comme une exception. Cinq
ou six ans après, je m'aperçus que l'exception
n'était pas là : elle était déjà dans les cœurs
naturels et simples qui sentent plus qu'ils ne
peuvent exprimer, et qui ne font pas étalage
de leurs émotions.

Mais nos visites de prédilection étaient pour
un vieux château éloigné tout au plus d'une
lieue du village que nous habitions, et qui se
trouvait, par un heureux hasard, sur la route
de nos excursions familières. Il est vrai qu'au
bout de quelque temps ce hasard était devenu

si infaillible et si régulier qu'on aurait pu y
voir l'effet d'un plan prémédité. Le voyage en
valait la peine. Là résidaient trois aimables
sœurs, exilées, comme M. de C........, pour le
crime de leur naissance, et qui composaient,
avec un vieux domestique et une petite né-
gresse fort éveillée, toute la population du
vénérable manoir. Je ne parlerai pas des deux
aînées, qui m'occupaient très-peu, quoiqu'elles
fussent charmantes, et que je n'occupais pas
du tout. La plus jeune s'appelait Séraphine ;
elle avait près de quatorze ans, ce qui suffisait
pour lui donner sur moi tout l'ascendant d'une
grande fille sur un petit garçon ; mais la nature avait pourvu à la compensation de nos
âges par la délicatesse de sa constitution fragile
et par le développement prématuré de mon
organisation déjà presque adolescente. L'habitude d'un exercice actif et stimulant qui fortifiait tous les jours mon enfance robuste ; la
pratique des rudes travaux de la marche, de
la course et de l'escalade, par vaux, par monts
et par rochers ; l'assiduité des études obstinées,
qui imprime à la pensée un caractère viril dont
les facultés physiques subissent l'influence,
m'avaient donné sur les enfans mêmes de la

campagne, ordinairement si supérieurs à nous un avantage prononcé de vigueur, d'adresse et d'audace. Je n'étais pas redouté ; cette triste gloire empoisonnerait tous les souvenirs de ma vie : mais on s'appuyait volontiers de mon amitié, parce que la faiblesse et la timidité sont portées d'une affection d'instinct vers le courage et la force. Comme je ne manquais pas de vanité, et je m'aperçois, à la complaisance avec laquelle je reviens sur ces détails, que je ne suis pas complètement guéri de cette honteuse infirmité de l'esprit, je prenais plaisir à multiplier, surtout devant les femmes, et sans savoir pourquoi, les aventureux exploits de mon habileté gymnastique. Elles aiment la témérité. Quand on les étonne on les intéresse, et quand on les intéresse on est bien près de leur plaire. J'ai compris tout cela depuis.

Les liaisons de cet âge sont bientôt faites ; il est sans défiance, parce qu'il est sans expérience. Il faut avoir surpris quelque mauvaise pensée dans son cœur pour en soupçonner dans celui des autres. Après nous être vus deux fois, Séraphine et moi, nous aurions voulu ne plus nous quitter. Nos plaisirs étaient si purs, nos entretiens étaient si doux, nous pleurions

ensemble avec tant d'abandon, et il est si doux
de pleurer ! C'est qu'elle avait bien du chagrin !
Sa mère était en prison à dix lieues, son père
en prison à cinquante; de ses quatre frères, il
y en avait trois proscrits, errans, sans ressources, en trois pays différens de l'Europe ;
l'autre était détenu à Paris sous le couteau du
tribunal qui avait égorgé dix de ses parens ; et
autour d'elle rugissait chaque jour une populace armée de piques et de brandons d'incendie, qui la menaçait elle-même, pauvre jeune
fille craintive et sans défense, dont les grâces
touchantes auraient apprivoisé des panthères
affamées ! — Va, va, lui disais-je, console-toi!
le règne des assassins ne sera pas long ! Ma famille est républicaine, mais je me ferai aristo-
crate pour te venger ! Je ne suis pas loin du
moment de manier, comme un autre, une
épée ou un poignard, et puisqu'il faut du sang,
je verserai sans pitié le sang de tes ennemis !
— Ne parle pas comme cela, me répondit Séraphine ! je serais plus malheureuse encore si
je craignais de te voir devenir méchant. Les
méchans sont plus à plaindre que nous ! Con-
tinue à bien acquérir du savoir et de la réputation, et quand tu seras assez grand pour te

4

faire écouter de ces Messieurs les patriotes,
fais ce que tu pourras pour empêcher qu'on
ne nous tue, car si on me tue aussi, quelle
est la femme qui t'aimera jamais autant que
moi ! —

Ce besoin d'être ensemble était devenu si vif
qu'il absorbait toutes nos pensées. C'était l'objet, le but, la vie de notre vie ; et jamais l'un
de nous deux n'arrivait jusqu'à l'autre sans
trouver l'autre qui le cherchât. Quand je des-
cendais de la montagne, j'étais sûr de voir de
loin son voile blanc qui flottait à l'air, ou son
chapeau de paille qui volait au hasard, sans
qu'elle se détournât pour reconnaître l'endroit
où il irait tomber, pendant qu'elle courait à
ma rencontre. Mais que je lui épargnais de détours en me précipitant au-devant d'elle, fen-
dant les terres labourées, sautant les haies,
écartant les broussailles, débusquant d'un tail-
lis au moment où elle me cherchait encore derrière ! et je n'aurais pas allongé ma course d'un
pas pour éviter un fossé de dix pieds de largeur. La terre élastique obéissait à mon essor
comme la raquette au volant, et j'arrivais, si
preste et si joyeux, les bras autour de son cou
et les lèvres sur sa joue, qu'elle n'avait pas le

temps de s'effrayer. Le temps se passait trop
vite, hélas ! de mon côté en lutineries innocentes, du sien en causeries tendres et sérieuses. Mon expansion étourdie se contraignait
alors, parce que je me rappelais que Séraphine
était triste, et qu'elle ne pouvait s'associer sans
efforts aux turbulentes saillies de ma joie et de
mon bonheur sans souci. Mes idées, si riantes
et si frivoles, se façonnaient peu à peu, au
contraire, aux habitudes de sa mélancolie, et
de ces deux élémens incompatibles en apparence, il se formait en moi une combinaison
étrange de caractère, qui a tour à tour assom-
bri ma jeunesse de sympathies douloureuses,
et égayé mon âge mûr des instincts et des goûts
d'un enfant. Tous les développemens de mon
âme datent des ces jours éloignés. Je n'ai rien
acquis ni rien perdu, mais si j'étais mort en ce
temps-là, ma vie n'aurait pas été moins complète. La vie est complète quand on a aimé une
fois.

Il faut cependant que je m'explique sur cet
amour, auquel le perfectionnement de notre
langue et de nos mœurs n'a pas encore donné
un nom. Rien ne ressemble moins à l'amour
comme les hommes le comprennent, et c'est

cependant un sentiment très-distinct des affections de la famille et des amitiés de collége.
Cette différence, je la sentais sans l'expliquer.
Je l'avouerai, comme si j'écrivais encore sous
l'empire de mes idées de douze ans ; je m'étais
fait une singulière opinion de l'amour des ro-
manciers et des poètes, que j'avais lus avec
avidité, dans la ferme persuasion que les passions qu'ils décrivaient si bien étaient des fic-
tioncomme leurs sujets et leurs fables. Je le
prenais pour une image fantastique des émotions simples de deux époux qui s'étaient aimés
enfans, comme j'aimais Séraphine, et comme
j'en étais aimé, qui se trouvaient heureux de
passer leur vie ensemble, et auxquels le mariage accordait le délicieux privilége de prolonger le charme de cette douce intimité jusque
dans les mystères de la nuit et la solitude du
sommeil. J'admirais comment, de cette effu-
sion de tendresse qui confondait en un seul
deux êtres bien assortis, résultait l'existence
d'un être nouveau, éclos sous des caresses et
des baisers, fruit d'harmonie et d'amour; et je
voyais dans ce phénomène moral, qui entretenait à jamais la reproduction d'un espèce vierge, le signe le plus évident de la supériorité de

l'homme sur les animaux. Je n'ai pas la prétention d'avoir inventé en ce temps-là une *conju-*
galité plus solennelle que celle de Dieu, mais
c'est celle que je m'étais faite, et les bonheurs
de la jeunesse ne m'ont rien appris qui me
consolât d'en avoir perdu l'illusion. Que dis-je?
le regret de mon erreur a survécu à ces fiévreu-
ses réalités du plaisir qui enivrent les sens aux
dépens de l'ivresse de l'âme, et qui la précipi-
tent des hauteurs du ciel dans les misères de la
volupté. Que de fois j'ai redouté d'être heureux
comme les autres dans l'accomplissement de
mes désirs, heureux que j'étais dans l'enchantement de mes espérances! Aujourd'hui même, il n'y a pas une de mes larmes d'amant
qui ne m'ait laissé de meilleurs souvenirs que
tous ces ravissemens d'un bonheur sans lendemain, sur lesquels retombent les tristes convictions de la vie, comme le rideau d'un spectacle fini, comme l'obscurité de la nuit sur un
feu d'artifice éteint. C'est probablement dans
ce sens qu'on a dit que la première inclina-
tion était la meilleure. Son charme est dans
son ignorance.

J'aimais ainsi Séraphine avec la naïveté d'une
impression tout idéale, toute poétique, et dont

l'innocence devait avoir quelque chose de l'a-
mour des anges. Aussi pure que moi, je suppose que Séraphine était un peu plus savante,
et on vient de voir que cela n'était pas difficile.
Elle était mon aînée de près de deux ans, elle
était femme, elle vivait depuis le berceau dans
le monde que je n'avais fait qu'entrevoir. Sa
conversation ingénue me laissait souvent des
doutes vagues à travers lesquels j'avais peine à
retrouver le fil égaré de ma doctrine. Je méditais seul sur ce que je n'avais pas compris,
mais je ne méditais pas long-temps, parce que
je n'étais pas curieux, parce que je croyais fermement dans mes idées, et surtout parce que
j'aimais mieux penser à elle que de perdre le
temps à me bâtir des systèmes inutiles. Elle
était partout avec moi ; je savais la faire entrer
dans tous mes entretiens, la lier en souvenir
ou en projet à toutes mes actions, la ramener
dans tous mes songes. Rêver toujours, et ne rêver que d'elle, c'était un bienfait de mon sommeil, une faculté que j'avais, que j'ai conservée long-temps, et qui m'a dédommagé de
bien des douleurs ! J'étais parvenu à fixer dans
mon esprit une des scènes les plus communes
de nos jolies matinées : celle-là m'est aussi pré-

sente que si j'y étais encore. Après m'être fatigué deux heures à la chercher où elle n'était pas, je tombais ordinairement de lassitude sur le canapé du salon, et je feignais de dormir pour la piquer de mon indifférence ou ne pas la contrarier dans sa malice. Elle arrivait alors, légèrement soulevée sur la pointe des pieds, allongeant ses pas suspendus avec précaution, frissonnant au bruit du parquet avant qu'il eût gémi, et une corbeille au bras, ses cheveux s'échappant de toutes parts en ondes dorées sous le chapeau de paille mal attaché qui ne les contenait plus, la tête un peu penchée sur l'épaule, l'œil fixe et craintif, la bouche entr'ouverte, le bras étendu pour gagner de l'espace, elle promenait doucement sur mes lèvres un bouquet de cerises moins vermeilles que les siennes. Je la voyais toujours ainsi, blanche mais animée, charmante de ses grâces et de son émotion d'enfant, arrêtant sur moi ses rondes prunelles d'un bleu transparent comme le cristal, qui plongeaient des regards de feu à travers mes paupières demi-closes pour surprendre à propos le moment de mon réveil, et me caressant tout près de son haleine de fleurs comme pour me défier de l'embrasser : c'était

là que je l'attendais, et quand elle pensait à
fuir, elle était prise. Alors c'étaient des cris,
des gémissemens, des bouderies à n'en pas finir; c'étaient les sœurs qui arrivaient au secours, c'était Lila, sa petite Africaine, qui
m'arrachait les cheveux et qui me menaçait les
yeux. Un baiser de plus payait les frais de sa
rançon; mais elle me détestait pendant une
heure au moins; et je m'en allais, je revenais,
je pleurais, je demandais pardon, je ne l'ob-
tenais pas, je repartais encore en courant vers
le canal pour m'y précipiter dans un abîme de
dix pouces de profondeur, jusqu'au moment
où une petite voix qui vibrait comme un timbre d'argent daignait enchaîner mon désespoir,
et j'avais été malheureux d'un malheur affreux,
d'un malheur pire que la mort, d'un malheur
qu'on voudrait goûter aujourd'hui, au prix de
l'incendie d'un royaume! — J'étais loin d'imaginer sous quel aspect m'apparaîtraient avant
peu ces angoisses du premier amour. Je n'a-
vais pas vingt ans que je résolus de mettre un
clou à ma roue, comme dit Montaigne, et de
ne plus vieillir d'un moment. Je m'en suis assez bien trouvé, mais j'aurais mieux fait de
m'arrêter à douze.

J'ai dit que ma petite amie était d'une santé
délicate. Je ne me doutais guère que toutes
les jeunes filles fussent plus ou moins malades
vers l'âge de quatorze ans. Ce mystère passait
la portée de ma science. — Séraphine était sujette à des maux de tête, à des éblouissemens,
à des hallucinations subites, à des mouvemens
de fièvre. Un soir je l'avais laissée souffrante ;
je souffrais de son mal, que mes craintes exa-
géraient. Je me couchai tout habillé ; je ne
dormis pas ; je me tournais sur mon bon lit
de paille comme sur les pointes d'acier de Ré-
gulus ou les charbons de Guatimozin. Je me levai pour me promener dans ma chambre ; je la
trouvai trop étroite : j'ouvris ma fenêtre ; le
ciel aussi me parut trop étroit. On ne voyait
pas le château. Je mesurai la hauteur de ma
croisée : une quinzaine de pieds tout au plus,
si je m'en souviens. J'étais bien loin ; je ne sais
si je courais ou si la terre fuyait derrière moi ;
mais je ne mis peut-être pas un quart d'heure
à gagner la grille du parc.

Ce n'était pas tout. Le seul endroit où la clôture fût accessible était défendu par un bassin re-
vêtu de larges dalles, où aboutissaient les eaux
du canal, après avoir arrosé le jardin. Là elles

5

dormaient à fleur de terre dans l'abreuvoir, puis se perdaient un moment sous la route, et allaient resurgir à quelques pas, mais libres et capricieuses, entre les saules de la prairie. Nous appellions cela le *bassin des salamandres*, parce qu'on y en voyait un grand nombre frapper l'eau immobile de leur queue en rame, ou se traîner sur le pavé, en livrant de temps en temps aux caprices de la lumière leurs marbrures d'un jaune brillant; mais on ne les voyait pas à l'heure où je vous parle; on ne voyait rien du tout. La nuit était calme et tiède, mais obscure, et je ne pouvais apprécier que de mémoire la largeur du réservoir qu'il fallait franchir. J'étais seulement bien sûr qu'il n'avait pas plus d'un pied de rebord du côté où j'allais tomber, et que je courais risque, selon la portée de mon élan, de me rompre la tête contre le mur, si je m'y abandonnais à l'étourdie, ou, si je le modérais trop, d'épouvanter de la chute d'un nouveau Phaéton le peuple des salamandres endormies. Dieu, l'amour ou l'adresse aidant, je descendis au but comme si j'y avais été porté par les ailes d'un oiseau. J'atteignis d'un bond la hauteur de la muraille, je gagnai d'un saut le

niveau du jardin. Il restait encore une haie de
troëne, forte et serrée comme une palissade,
mais sur laquelle j'appuyais facilement la main
en me dressant un peu, et je ne la touchai
pas d'une autre partie de mon corps pour la laisser derrière moi. J'étais dans la grande allée de
marronniers qui se terminait tout juste au pied
de la tourelle où couchait Séraphine; mais sa
fenêtre, élevée d'un étage au-dessus de la terrasse, m'était cachée par l'épaisseur du feuillage; et le temps que je fus obligé de mettre à
chercher la clarté qui en jaillit enfin par rayons
épars, entre les dernières branches, me parut
plus long que tout le reste du voyage. Alors je
m'arrêtai contre un marronnier pour reprendre
haleine; car j'étais déjà tranquille. Cette lumière était celle d'une bougie dont la blanche
flamme tremblait contre les vitres, à côté de
l'endroit où Séraphine suspendait le petit miroir qui servait à sa toilette de nuit. Elle y était
debout, légèrement vêtue, souriant à sa gentil-
lesse, roulant ses cheveux avec une grâce
coquette, et puis prenant plaisir à les dérouler
pour les voir ondoyer encore. Je restai là tant
que la bougie ne s'éteignit point, et je ne sais
si ce fut une minute ou une heure; mais je

sais que cela vaut toute la vie , et qu'il n'y aurait
que l'espoir d'y retrouver quelques instans pa-
reils qui pût me décider à la recommencer.

Je mis plus de temps au retour. Le jour était
tout près de se lever, quand je m'aperçus que
l'accès de ma chambre était infiniment plus
difficile que la descente. L'extérieur de la maison ressemblait à l'intérieur. Il était si propre,
si uni , si soigneusement recrépi , que les mouches avaient peine à y fixer leurs crochets. Pas
une pierre saillante, pas une fissure dans le
plâtre , pas un interstice à glisser les doigts ,
qui pût servir à me hisser jusqu'à la banquette !
et ajoutez à cela que le Biez coulait trop près
derrière mes talons pour me permettre de
prendre du champ. Un train de charrue au rebut, qu'il fallut amener de loin , me servit
enfin d'échelle. J'arrivai , je dormis comme on
dort à douze ans , quand on n'a point de chagrin, et je dormais encore quand M. de C......
m'avertit pour la troisième fois qu'il était temps
d'aller s'informer de la santé de Séraphine ,
dont j'étais si inquiet la veille. « Bon , bon !
dis-je en me frottant les yeux et en étendant
les bras, cela n'est pas dangereux ! » M. de C...
me regarda d'un air étonné. C'était la première

fois, je m'en flatte, qu'il m'avait trouvé si insoucieux sur mes amitiés ; et ma tendresse de troubadour ou de paladin, qui prêtait à des plaisanteries de tous les jours, rendait cette indifférence inexplicable. Sa méprise m'égaya ; et comme je n'aurais pas osé faire connaître à mon ami les motifs de ma sécurité, je trouvai piquant de l'accompagner, en me divertissant à toutes les bagatelles du chemin, et sans lui parler de Séraphine, jusqu'à l'angle d'un hallier bien fourré, où elle nous attendait d'habitude, pour nous surprendre d'une espièglerie ou nous effrayer d'un cri. Elle y était, et j'avais, comme on sait, mes raisons pour n'en pas douter. Elle tomba dans mes bras, retomba dans les siens, revint à moi, fit sauter mon chapeau, se sauva pour être attrapée, et finit par se laisser prendre, en criant de dépit et de joie.

« Vous aviez raison tout à l'heure, quand » je vous tirai d'un si bon sommeil, me » dit M. de C...... en riant. Cela n'était pas » dangereux. »

Je vous demande si ce fut là un grand sujet de colère, mais de colère morne, silencieuse et méprisante ! Séraphine prit l'avance avec

5.

dignité, en se donnant ces manières dédai-
gneuses que les jeunes filles nobles apprennent,
je crois, en naissant ; et quand nous fûmes par-
venus à l'allée des marronniers, elle s'assit sur
notre passage, au bout du long banc de pierre
sur lequel nous causions presque tous les jours.
J'allai l'y rejoindre ; elle courut à l'autre extrémité ; je l'y suivis, elle reprit sa première
place. et moi aussi ; mais je l'y fixai d'un bras
sur lequel je l'avais soulevée cent fois, et dont
elle connaissait la puissance ! —

    « Halte-là, grondeuse ! lui dis-je en feignant
» d'être sérieusement fâché. Mademoiselle,
» pourquoi boudez-vous ?

    — « Moi, monsieur, bouder ? Et à quel
» propos, s'il vous plaît ? On ne boude que
» ceux qu'on aime et dont on est aimé. Je ne
» vous boude pas, parce que vous ne m'aimez
» pas, parce que je ne vous aime pas. C'est
» naturel. On n'est pas forcé d'aimer quel-
» qu'un.

    — » Ah ! je ne t'aime pas, et tu ne m'aimes
» pas, Séraphine ? C'est très-joli !....

    — » Non certainement, je ne vous aime
» pas, puisque je vous déteste, puisque je
» vous ai en exécration, monsieur ! et je vou-

» drais bien savoir, par exemple, pourquoi
» vous prenez la liberté de me tutoyer? Je
» vous le défends!... — Mais voyez donc, ajou-
» ta-t-elle en s'efforçant de rire, ne faudrait-
» il pas bouder monsieur, qui dort si bien
» quand on est malade à la mort, et qui s'ex-
» cuse en disant que *cela n'est pas dangereux?*
» Si vous aviez été malade, vous, je n'aurais
» pas été si tranquille! — Mais lâchez-moi, je
» vous en prie! lâchez-moi tout de suite, ou
» je ferai du bruit! j'appellerai Lila;... je vais
» pleurer!...

— » Non, vraiment tu ne pleureras pas,
» laide et méchante que tu es! et je voudrais
» bien voir qu'on s'avisât de pleurer!...

— » Qu'on s'avisât de pleurer! Comme vous
» dites, c'est fort joli, c'est de très-bon ton!
» d'ailleurs, je suis une laide maintenant, et
» qu'est-ce que cela vous fait qu'une laide
» pleure, quand elle veut pleurer? m'empê-
» cherez-vous de pleurer et de crier, si cela
» me fait plaisir? Vous ne me permettrez pas
» de pleurer, peut-être, quand vous m'étouf-
» fez! Vous êtes bien avantageux!... »

Avantageux était un de ces mots de salon
qui me déconcertaient toujours. Je passai l'au-

tre bras autour d'elle, et je me hâtai de m'expliquer...

« As-tu pu croire, Séraphine, que j'aurais
» dormi sans m'assurer que *cela n'était pas*
» *dangereux*, et que tu te portais bien ? Mais
» écoute-moi un instant, et n'essaie pas de te
» sauver, cela ne te réussirait pas ! — Crois-tu
» que l'état de ma douce et belle Séraphine
» était bien *dangereux*, quand elle venait à mi-
» nuit, derrière la fenêtre de la tourelle, tresser
» autour de ces jolis petits doigts, que je baise-
» rai tout à l'heure, ces longues mèches de
» blonds cheveux que je baise maintenant
» malgré toi—ou malgré vous —; quand elle
» ouvrait sa croisée et s'appuyait en silence,
» pour écouter le rossignol qui n'avait garde
» de chanter, parce que je l'avais effrayé, et
» quand elle le défiait des cadences tendres et
» perlées de sa romance favorite :

> » Amour, on doit bénir tes chaînes,
> » Quand deux amans ont à souffrir......

— » Quelle horreur, s'écria Séraphine! vous
» m'épiez, monsieur !....
— » Tu appelleras cela comme tu voudras ;

» mais quand tu es malade, j'ai peur, et quand
» j'ai peur pour toi, je ne sais plus ce que je
» fais. »

Elle réfléchit un moment. Je sentis que je
n'avais plus besoin de la retenir. A quoi de-
vine-t-on cela ? Mes bras s'étaient relâchés.
Elle dégagea les siens, les étendit un peu pour
les dégourdir, et les jeta autour de mon cou.

« Pauvre ami que j'accuse et que j'inquiète,
» reprit-elle en appuyant son front sur mon
» épaule !.... — Il ne me le pardonnera peut-
» être pas ! — Avec cela que vous êtes bien
» capable, étourdi comme je vous connais,
» d'avoir passé par *le trou du hibou* ?...,

— » Ce chemin n'est pas beau, mais c'est le
» plus court, et j'étais trop pressé pour pren-
» dre l'autre.

— » C'est à faire trembler, à ce que l'on
» dit ! un sentier taillé dans le rocher sur un
» précipice épouvantable !....

— » Un sentier large comme la petite allée
» du potager sur un précipice profond comme
» la terrasse, depuis la mansarde de ton pa-
» villon.

— » Eh bien ! n'est-ce pas rassurant ! il y
» arrive tous les ans des malheurs en plein

» jour ! et si tu rencontrais le hibou ?.....

— » Je l'emporterais dans ma freloche
» comme un papillon de nuit. Oh ! je voudrais
» bien que ce fût seulement un *moyen-duc !*
» il y a trois mois que je l'aurais empaillé !
» mais un méchant hibou de son espèce n'est
» bon qu'à déployer comme un épouvantail sur
» la porte du château.

— » Attendez , attendez , » dit-elle en com-
posant tout à coup sa jolie figure pour prendre
un air solennel , et en s'éloignant d'un pouce
ou deux avec une admirable dignité. « Ce n'est
» pas tout , monsieur , ce n'est rien ! ce qu'il y
» a d'inexcusable dans votre conduite , c'est
» que vous n'avez pas pensé au danger de me
» compromettre !.... »

Compromettre était bien autre chose.qu'*avantageux* , ma foi ! *compromettre* me foudroya.

« Te *compromettre* , Séraphine ! je serais au
» désespoir de te *compromettre* , mais.... je ne
» sais pas au juste ce que c'est. »

Elle laissa tomber sur moi le sourire d'une
supériorité indulgente. « Il suffit, monsieur ,
» continua-t-elle , que je ne veux pas absolu-
» ment qu'on se permette d'être de nuit dans le
» parc. Aujourd'hui je vous fais grâce, » ajouta

Séraphine en me tendant sa main à baiser,
« parce que je sais que votre cœur est pur,
» mais que cela n'arrive plus jamais ! le monde
» est si pervers ! »

Il faut noter que *pervers* avait un pied et
demi dans la bouche de Séraphine. C'était le
verbum sesquipedale de mon Horace.

« Eh ! que m'importe le monde pervers !
» qu'a-t-il à dire à ma tendresse et à mes in-
» quiétudes ? il lui siérait bien, au monde per-
» vers, de trouver mauvais que je fusse en
» peine de Séraphine, quand Séraphine est
» malade ! Craindre pour ta vie, et ne pas
» tout entreprendre, ne pas tout braver pour
» te voir ! certainement, je ne promettrai pas
» cela !

— » Bien, bien, dit-elle en reprenant ma
» main, si j'étais vraiment en danger ! Crois-tu
» que je voudrais, moi, mourir sans te re-
» voir ? Ce serait pis que la mort ! »

Au même instant, ses sœurs et mon ami
nous rejoignaient, et nous nous embrassâmes
devant eux pour la première fois de la journée.

Les momens dont je parle étaient si doux
qu'il n'est pas surprenant que je m'abandonne
au plaisir de les raconter longuement. Cela

dura quatre ou cinq mois, et puis cela finit à
toujours.

Au commencement d'octobre, je ne sais
plus quel jour c'était de brumaire, nous vîmes
arriver Chapuis, un ancien domestique de
M. de C...., vieillard honnête, fidèle et même
affectueux, mais dont la figure sévère et ré-
barbative ne m'avait jamais paru propre qu'à
porter de mauvaises nouvelles. Celles qui me
concernaient alors étaient accablantes. Mes parens, enchantés de quelques progrès qu'ils
croyaient remarquer dans mes études, étaient
convenus de m'en témoigner leur satisfaction
en me faisant passer un hiver à Paris sous les
yeux d'un homme aimable et sage, dont ils
avaient éprouvé l'attachement. Le neuf ther-
midor venait de mettre un terme aux sacri-
fices sanglans des druides de la révolution. La
France, enivrée de son affranchissement,
commençait à se reposer des convulsions de la
terreur, dans une atmosphère plus pure. Elle
renaissait aux sciences, aux beaux-arts, aux
loisirs des peuples civilisés. Elle renaissait presque au bonheur, car tout pouvait sembler
bonheur le lendemain de l'anarchie. Je ne
connaissais de la terre tout entière que la na-

ture agreste et simple de nos solitudes. Il s'a-
gissait de me faire voir les collections, les
bibliothèques, les monumens, les hommes,
le monde enfin, dans lequel l'imagination du
meilleur des pères m'assignait en espérance
une position agréable, et peut-être distinguée.
Tout cela m'aurait souri comme à lui dans des
circonstances où ce voyage n'aurait rien coûté
à mon cœur; mais l'exil des nobles subsistait
toujours, et je me sentais défaillir à l'idée de
quitter pour si long-temps mon ami, car la
longueur d'un hiver est quelque chose d'in-
commensurable aux enfans. Je ne sais s'il vous
en souvient. Je ne disais pas tout cependant;
mais la pensée de m'éveiller vingt-cinq fois
par une matinée de dimanche, sans pouvoir
me promettre de voir Séraphine et de finir la
journée auprès d'elle, me navrait si cruellement, que je ne m'accoutumais à la supporter
que sous la condition d'en mourir. Vingt-cinq
dimanches, hélas! j'étais bien loin de mon
compte!

Il fallait pourtant se soumettre. M. de C.....,
qui mesurait mieux le temps, et qui savait
mieux ce qu'il vaut, me parlait de ces longs
mois d'absence comme d'un jour que j'allais

6

passer en plaisirs. Nous devions seulement des visites à tous nos voisins, avant l'époqué qui était fixée pour mon départ, et dont je ne m'informais point, parce que je tremblais de la savoir. Ce projet de visites me consolait un peu; il devait me ramener au château, et je me démontrais bien à part moi que cinq heures de l'amitié, des regrets et des caresses de Séraphine, dédommageraient assez ma vie de cinq mois de douleurs. Je m'aperçus dès le lendemain que nos lentes promenades m'éloignaient de plus en plus de l'unique objet de mes pensées, mais je ne m'affligeai point. Je sus au contraire un gré infini à M. de C...... d'avoir donné cette direction à notre cérémonieux itinéraire.

« Tant mieux, disais-je tout bas! C'est par
» elle que nous finirons! son baiser d'adieu
» sera le dernier que j'emporterai sur mes lè-
» vres, et je l'y conserverai avec tant de soin,
» qu'il en sera de ce voyage comme si je né
» l'avais pas quittée!.... »

Il y avait six jours que nous courions ainsi le pays, presque sans nous parler. M. de C..... paraissait amèrement triste, et si je ramenais, selon mon usage, le nom de Séraphine au tra-

vers de nos courts entretiens, il se hâtait d'en
détourner la conversation comme d'une idée
inquiétante et fâcheuse. Je me perdais à chercher le motif de cette réticence nouvelle entre
nous : car il aimait Séraphine presque autant
qu'il m'aimait, et j'aurais trouvé tout naturel
qu'il l'aimât davantage.

Comme nous occupions le seul logement
dont on pût disposer dans la maison, nous
avions établi Chapuis dans ma chambre, où
il dressait tous les soirs son pliant au-devant
de ma croisée. Le jour dont il est question,
Chapuis me trouva comme à l'ordinaire occupé
à tenir note sur mon journal des espèces que
j'avais ramassées en chemin, et il se crut obligé
de m'interrompre pour m'engager à dormir.
Cette précaution inaccoutumée me surprit.

— « C'est, voyez-vous, dit-il, que nous
» partons demain, à six heures précises, pour
» nous trouver au relais de la diligence de
» Paris, et quoique j'aie déjà emballé toutes
» vos petites hardes dans la voiture, il est pos-
» sible qu'il vous reste quelque chose à faire
» avant d'y monter. Vous n'avez donc que le
» temps de vous reposer un peu en attendant
» que je vous réveille.

— » Demain à six heures ! m'écriai-je. Cela
» n'est pas possible ! je ne partirai certainement
» point sans avoir vu Séraphine !...

— » Il le faut bien cependant, repartit
» Chapuis, car la diligence n'attend pas ; et,
» quand vous resteriez, pensez-vous que M. de
» C...... vous permette de voir mademoiselle
» Séraphine dans l'état où est la pauvre en-
» fant ? Il craindrait trop pour vous les effets
» de la contagion, comme on l'appelle. Il n'a
» pas eu d'autre raison pour vous éloigner d'ici
» toute la semaine.

— » Séraphine est malade, et je ne le savais
» pas ! — Expliquez-vous, mon ami, je vous en
» supplie !

— » Malade, malade ! répondit Chapuis en
» hochant la tête. On m'avait défendu de vous
» le dire, mais il faut bien que vous l'appreniez
» un jour ou l'autre ; c'est que les nouvelles
» d'aujourd'hui n'étaient pas bonnes ! Heu-
» reusement, la providence de Dieu est grande,
» surtout pour les jeunes gens, et, si elle le
» permet, vous retrouverez au printemps ma-
» demoiselle Séraphine plus vive et plus gen-
» tille que jamais. Et puis, on ne manquera pas
» de vous écrire sa guérison à Paris, et vous

» en aurez la consolation sans avoir eu le cha-
» grin de la quitter malade. »

Pendant qu'il parlait ainsi, Chapuis tourna
la clef, la retira de la serrure, la mit dans sa
poche, ferma la fenêtre, et se glissa dans son
lit sans se déshabiller, pour être plus tôt prêt
le matin.

» — Que faites-vous Chapuis? Vous fermez
» cette fenêtre, et vous savez que je ne puis
» me passer d'air! Je vous l'ai dit assez sou-
» vent.

» — Bon, bon, reprit-il en s'enfonçant sous
» sa couverture, les voyageurs ne doivent-ils
» pas s'accoutumer à tout? Vous serez bien
» plus à l'étroit dans la voiture, ma foi! Vous
» imaginez-vous, mon cher jeune homme, que
» vous aurez toujours vos aises? On vous en
» donnera dans votre pension, des fenêtres ou-
» vertes en octobre! D'ailleurs, monsieur est
» trop bon pour ne pas avoir égard à mon rhu-
» matisme, par le froid qu'il fait maintenant,
» c'est une vraie soirée d'hiver! »

Je n'avais point d'objections contre ce der-
nier raisonnement. Ma situation était horrible.
J'éteignis ma lumière, et je ne me couchai pas.
J'attendais qu'il dormît pour tenter de tourner

6.

l'espagnolette, et sauter d'un bond dans la rue par-dessus le pliant maudit, au risque de me rompre le cou. Le moment que j'espérais ne tarda pas ; mais le sommeil de Chapuis était si léger que soudain, et au moindre mouvement j'étais averti par un *qui vive* brutal de la vigilance de mon inexorable sentinelle. Je revins dix fois aux approches, et dix fois je fus dépisté. Pendant ce temps-là, Séraphine m'appelait peut-être ! Ce fut une épouvantable nuit.

Enfin la pendule sonna quatre heures (c'était plus que je ne me croyais capable d'en compter encore), et le carrillon du réveil m'avertit que Chapuis avait choisi cette heure-là pour aller faire les préparatifs du départ. Je me roulai comme en sursaut sur ma paille bruyante, pour lui donner acte de ma présence, pendant qu'il battait méthodiquement le briquet, et qu'il éclairait sa lanterne sourde. Je crus qu'il n'en finirait pas. Qu'il me parut long dans ses opérations, et que je maudis la maladresse et les lenteurs de la vieillesse ! Il sortit cependant, et j'entendis la clef retourner sur moi à l'extérieur. Je ne m'en souciais guère. Son dernier cri couvrit fort à propos le bruit de la croisée qui s'ouvrait. Avant que le prudent Chapuis fût à l'écurie, j'étais, moi, de l'autre côté du village.

Il ne fallait rien moins que mon habitude du pays pour me diriger dans les ténèbres de cette rigoureuse matinée. Il n'y avait pas dans toute la nature un atome de lumière. Les objets les plus opaques et les plus obscurs ne dessinaient pas le plus faible contour sur l'horizon obscur comme eux. Il ne tombait pas de pluie, mais l'atmosphère était inondée d'une brume noire, épaisse, presque palpable, qui pénétrait mes vêtemens et qui enveloppait mes membres comme un bain glacé. Je n'avais rien vu, rien deviné, rien imaginé jusqu'alors qui me donnât une idée aussi effrayante de l'Érèbe et du chaos. Je trébuchais contre tous les obstacles, je tombais, je me relevais, je sondais la route du pied, et la nuit du regard. Je n'étais orienté que par ma mémoire ou par mon cœur; je disais : Ce doit être là, et j'allais toujours.

Quand j'arrivai au *trou du hibou*, je ne le reconnus qu'aux saillies du roc, qui surplombait dans de certains endroits de manière à m'obliger de baisser la tête, et que je suivais en tâtonnant pour ne pas m'exposer à perdre un pas

hors du sentier ; car il y allait de ma vie. Ce
sentier était effectivement assez large , comme
je l'avais dit à Séraphine, pour donner place ,
dans les passages les plus étroits , à deux paires
de pieds comme les miens ; mais il était coupé
dans la pierre vive, et le suintement des eaux
qui l'humectaient sans cesse avait sensiblement
incliné sa pente et dégradé son bord extérieur,
donc je rencontrais à tout moment les inégalités, quand j'essayais de prendre un peu de terrain pour me délasser de ma contrainte. La brui-
ne se congelait d'ailleurs en touchant sa surface
froide et polie, et le tapissait d'un verglas glis-
sant , où je n'assurais ma marche qu'avec d'in-
croyables efforts, en introduisant mes doigts
dans toutes les anfractuosités du rocher , et en
me cramponnant de temps en temps à celles qui
étaient assez profondes pour me soutenir, pendant que je reprenais, à la pensée de Séraphine, quelque force et quelque courage. — Tout
à coup j'entendis un bruit singulier, et mes
joues furent battues d'un lourd frémissement
d'ailes, deux circonstances qui , dans la disposition de mon esprit, n'étaient pas propres
à diminuer ma terreur , mais je pensai à l'instant que ce devait être le hibou, dont mes tra-

casseries nocturnes avaient troublé la solitude,
et bientôt je n'en doutai plus. Il alla s'abattre
pesamment à quelques pas de moi, en fixant
sur l'usurpateur de ses périlleux domaines des
yeux ronds et lumineux. « Je te remercie, lui
» dis-je, de venir prêter deux flambeaux à mon
» voyage ; mais je ne m'y fierai qu'autant qu'il
» le faut pour ne pas te donner l'impitoyable
» joie de m'entraîner dans les fossés de ta mai-
» son de plaisance. Je sais que tu es un hôte in-
» sidieux, et je connais, grâce au ciel, pour
» les avoir toisées de l'œil plus d'une fois, les
» profondeurs qui nous séparent. » Il me pré-
céda ainsi pendant long-temps encore, vo-
letant, caracolant, miaulant comme un chat,
sifflant comme une couleuvre, s'abattant d'espace en espace à des intervalles mesurés avec
un gémissement lamentable, qui aurait figé le
sang dans les veines d'une femme. — Je ne
craignais plus rien. La route s'était élargie. Je
courais, je sautais, j'espérais, j'étais content,
j'allais la revoir, — Et toutefois je me promet-
tais bien de revenir par une route plus sûre.
J'arrivai à l'allée des marronniers.

La feuillée s'était éclaircie depuis mon dernier voyage, et je vis de plus loin vaciller en-

tre les rameaux la faible et pâle lueur qui
venait d'une certaine croisée de la tourelle.
« Du feu chez Séraphine ! pensai-je. Elle est
» donc malade encore ! » Je ne m'arrêtai point,
je parcourus la terrasse, je cherchai, je trouvai la porte qui s'ouvrait de ce côté ; elle céda
sous ma main : elle était entr'ouverte ; cela
m'étonna. Je gagnai le corridor, j'atteignis l'entrée du petit escalier en volute qui conduisait
chez Séraphine. Cet escalier était aussi éclairé,
contre l'usage. Après deux ou trois tours de
spirale, je vis que cette clarté provenait d'une
bougie posée sur une marche au-dessus de ma
tête, celle de Lila, de la pauvre Lila, qui était
assise à côté, les coudes sur ses genoux, la tête
dans ses mains noires, et qui paraissait dormir
sans doute parce qu'elle avait veillé, et que la
fatigue venait de la surprendre en descendant.
Je passai près d'elle à petit bruit pour ne pas
la déranger de son sommeil. Une lumière encore blanchissait le palier ; elle sortait de la
chambre de Séraphine. Les deux battans de la
porte étaient appuyés aux murailles. La lampe
était par terre ; derrière elle je discernai deux
vieilles femmes que j'avais vues souvent demander l'aumône au château ; elles se tenaient

ccroupies, muettes, occupées, et au mouve-
ent de leurs bras il me sembla qu'elles cou-
aient quelque chose. Je m'élançai. Elles ne
evèrent pas la tête. Je courus à l'alcôve; le
't de Séraphine était défait, l'oreiller ren-
ersé, les couvertures pendantes: il était vi-
e. —

Assailli d'idées vagues, confuses, impénétra-
bles, je me retournai vers l'endroit où j'avais
u ces vieilles femmes, pour prendre d'elles
es informations sur Séraphine et sur le motif
i l'avait fait changer de lit; mais il ne me
esta plus de forces pour entendre leur répon-
e. Leur réponse, je la savais déjà. Ce qu'elles
ousaient, c'était un drap blanc, et ce qu'elles
ousaient dans ce drap, c'était Séraphine.

On m'a souvent demandé depuis pourquoi
"étais triste.

Clémentine.

✳

. . . .
. . . . . J'avais alors vingt-trois ans, et je ne
connaissais de l'amour que cette fièvre turbu-
lente qu'on appelait de l'amour dans cette gé-
nération de malheur dont la destinée était de
se méprendre sur tous ses sentimens ; maladie
âpre, aiguë, dévorante, sans compensations,
sans adoucissemens, sans espérances, dont les
émotions étaient des crises et les élans des convulsions ; frénésie pleine de visions tragiques,
parmi lesquelles apparaissait une image de fem-

7

me , comme Psyché aux enfers , fantôme inaccessible, insaisissable, qu'entouraient tous les
démons de l'imagination , toutes les furies du
cœur. Si une circonstance que je ne cherchais
plus , parce que j'en connaissais les conséquences toujours semblables, si le caprice du hasard
me livrait réelle et vivante l'illusion dont j'étais
follement épris , si je parvenais à m'en faire une
conquête — ou une proie , — je n'avais pas ar-
raché son dernier voile qu'il ne restait dessous
qu'un marbre insensible. Ma main se refroidis-
sait sur une main froide qui ne savait pas la
presser ; mes baisers s'éteignaient sur des lèvres
glacées qui n'avaient jamais exhalé un soupir du
cœur. Cette divinité n'était qu'une femme tout
au plus ; je me disais : Ce n'est pas elle ; et je me
replongeais impatiemment dans le vague de mes
songes, pour leur demander un autre amour et
d'autres douleurs.

Ce délire où ma vie se consumait n'était pas
l'accident individuel , l'infortune d'exception
d'une organisation malheureuse. C'était l'horrible symptôme d'une passion inconnue , in-
nomée , et cependant commune à la plupart
des âmes que la nature avait empreintes , en ce
temps-là , d'un certain caractère d'énergie et

d'exaltation ; c'était un besoin profond et douloureux d'épreuves, d'agitations, de souffrances, et surtout de changement, la révélation
d'un invincible instinct de destruction, d'a-
néantissement social, réprimé au sein d'un
peuple dompté par des institutions de fer,
ou distrait dans les camps par des ambitions
sanglantes, mais qui rugissait du fond des
âmes oisives comme ces feux souterrains qui
annoncent par un long grondement, avant de
s'ouvrir un passage, les désastres dont ils vont
épouvanter le monde. Toute cette puissance
effrayante d'élémens confus, discords, irrités,
qui se heurtent, se combattent, se conflagrent,
et finissent par rouler sur la terre, en éclatant,
la tempête des révolutions, toutes ces fureurs
trompées dans leur objet, et dont nous ne
savions plus que faire, nous, fils orphelins
de la liberté, déshérités par Napoléon, elles
nous suivirent dans l'étroite carrière qui nous
était laissée, au milieu des affections les plus
naturelles, des sentimens les plus doux au
cœur de l'homme. Encore une comparaison
poétique pour débarrasser ma plume de quelques phrases de luxe qui empêchent l'encre de
couler, et je n'en ferai plus. Quand un ruisseau

de lave en fusion se trouve interrompu dans son cours par une muraille de rochers insurmontables, vous le voyez se révolter, monter en bouillonnant comme le flux contre la barrière qui l'emprisonne, bondir et retomber en hurlant, et se détourner enfin, s'épancher au loin, rouler, répandre ses flots enflammés à travers les vallées pacifiques et les vergers chargés de fleurs. Sous ces métaphores, il y a une histoire. C'est ainsi que nous avons goûté les félicités du bel âge. . . . .

Je sens que j'ai de la peine aujourd'hui à me rendre compte de ces impressions que j'éprouvais si distinctement alors. Des mots, des mots, et rien de plus. La pensée n'est plus là pour vivifier la parole. Le foyer de l'incendie subsiste encore, mais il n'y a que de la cendre.

Le changement qui s'opéra dans mes idées fut soudain, il fut étrange, il fut long-temps un mystère incompréhensible pour moi-même. Le désordre de mes passions métaphysiques m'éloignait à Paris de ce monde méthodique et circonspect où la fougue sauvage que mes amis prenaient pour de l'enthousiasme ne m'avait donné que la réputation d'un enfant maussade à cerveau dérangé. Les principes d'opposition

hostile et violente dans lesquels je m'étais pré-
cipité en aveugle, probablement pour jeter
dans ma route aventureuse quelques dangers
de plus, m'auraient ouvert aisément deux ou
trois salons d'aristocrates de la vieille roche,
fort infatués de leur noblesse, mais forte accou-
tumés à descendre au besoin de ses sublimes
hauteurs, quand il s'agissait de lier aux intérêts de la bonne cause le dévouement d'un
jeune courage ; mais je n'en fréquentais qu'un,
parce que j'y portais des affections plus intimes, le penchant qui nous entraîne vers des
compatriotes dont le nom a souvent retenti
autour de notre berceau ; l'habitude du respect
qu'inspire en province plus qu'ailleurs l'illustration d'une maison historique dont le collége et la tradition nous ont appris les services
et signalé les monumens ; le souvenir surtout
d'une bienveillance particulière dont les miens
avaient ressenti les effets depuis plusieurs gé-
nérations, et qui s'était en dernier lieu éten-
due jusqu'à moi. Bientôt je n'allai plus que là.
Je fis plus, je portai la condescendance au point
de m'y dépouiller, apparemment d'abord, et peu
à peu fort réellement, de ma mélancolie om-
brageuse et de mon dévergondage sentimental.

7.

Ce qui m'en est resté n'est vraiment rien. Que
ne ferait-on pas pour plaire davantage à ceux
dont on se croit aimé ?

Il y a des gens qui penseront que ce sacrifice eut peut-être encore quelque autre motif
secret que j'oublie, et je l'ai cru depuis comme
eux ; mais je ne m'en doutais pas. Quoi qu'il
en soit, je devins à peu près sage, et je m'aperçus que j'étais devenu sage parce que je devenais
heureux.

Mes nobles patrons n'avaient pas d'enfans ;
mais l'amitié leur avait donné une pupille charmante, dans une jeune personne de notre pays
commun, sortie depuis quelque temps d'un
des brillans pensionnats de la capitale, et que
sa mère avait jugé à propos de laisser passer
une année entière au milieu d'une société parfaitement choisie, pour y contracter les habitudes élégantes que l'éducation n'enseigne pas,
et qui embellissent, dit-on, les plus heureux
naturels. (Embellir le naturel, entendez-vous ?)
Elle était très-noble aussi, d'une de ces noblesses
chevaleresques et féodales, à bannières et à
créneaux, qui menaient, il y a cinq ou six cents
ans, grandes fanfares dans les tournois, et qui
remplissent de leurs prouesses les chroniques

et les romans. C'était cependant la première chose que l'on oubliât auprès d'elle, tant elle était simple, modeste et gracieuse en son accueil ; car la fantaisie même ne se composerait pas dans ses rêveries merveilleuses, et qui passent de bien haut l'œuvre de l'art, et quelquefois celui de Dieu, un assemblage plus achevé de charmes et de vertus, de naïveté et d'esprit, d'innocence et de sensibilité. Un autre oserait la peindre ; et moi, si je savais que Lawrence eût conçu cette insolente présomption ; si l'on parvenait à me persuader que le tableau sacrilége est suspendu là, derrière moi, à ce panneau vide et triste au regard, qui fait face à mon alcove, et où quelque ornement moins précieux ne siérait pas mal, je ne me détournerais certainement pas, qu'un ami ne l'eût voilé par pitié. Non, je ne me détournerais pas, de peur d'altérer l'idée si vive et si pure encore que j'ai conservée du modèle. — J'ai les portraits en horreur !

Clémentine avait dix-huit ans.

Il m'était facile de me méprendre sur l'attrait nouveau pour moi qui nous portait l'un vers l'autre. Ces calmes entretiens qui remplissent le cœur sans le bouleverser, ces tendres

effusions où deux pensées amies se confondent,
ce plaisir ingénu de se voir et d'être ensemble,
je ne les connaissais pas. Je n'avais éprouvé
des rapports des âmes que ceux qui les frois-
sent, qui les torturent, qui les poussent au désespoir. Je n'avais jamais imaginé d'amour sans
hallucinations et sans fièvre ; et ce que je sentais auprès de Clémentine, c'était un bien-être
universel, qui tenait de l'extase ; une fête perpétuelle du cœur, qui se réfléchissait sur toutes
mes sensations ; la préoccupation d'un esprit
fasciné par des illusions délicieuses, qui s'y
plonge avec ravissement, sans s'informer de
leur réalité, et qui n'est pas même troublé dans
leur possession par la crainte de les perdre. Il y
avait autour de Clémentine une atmosphère,
une lumière, une nature, un ciel, qui n'étaient
pas ailleurs. Sa voix avait une autre mélodie
que la musique ; son regard était d'un autre
élément que le feu. J'aurais distingué entre
mille femmes le bruit léger de ses pas et le
frôlement de sa robe ; et si j'arrivais avant elle
à l'endroit où j'étais sûr de la rencontrer tous
les jours, il était un moment où mes artères
gonflées, où ma respiration suspendue, où mes
yeux éblouis d'une lueur fantastique, m'aver-

tissaient de son approche. Je disais comme la
prêtresse qui reçoit les communications de sa
divinité : La voilà qui vient ! et elle venait ; car
il y a des courans dans l'air, qui étaient insen-
sibles pour les autres, et dans lesquels je puisais
à une source de vie et de bonheur, quand le
souffle de Clémentine s'y était mêlé. Je ne me
chargerai pas d'expliquer ce phénomène.

De quel coup m'eût frappé alors l'homme
cruellement sincère qui m'aurait dit avec cette
apathie d'égoïste qu'on appelle de la réflexion
et du sang-froid : « Ce que t'inspire cette jeune
fille, insensé que tu es, c'est de l'amour ! — De
l'amour pour Clémentine ! et à quel titre ! et
pour quel avenir ? et sous les auspices de quelle
religion, sur les degrés de quel autel pouvais-je
recevoir ses sermens ?

— Damnation ! Les spectres de vingt tyrans
héréditaires dont elle portait le nom se seraient
plutôt levés de leurs tombes de marbre,
en faisant siffler l'air, au brandissement de
leurs épées si long-temps immobiles ; les givres
et les dragons d'armoiries, animés tout à coup
par la fée protectrice de ses aïeux, seraient
plutôt descendus des donjons en ruines, où
ils embrassent encore un reste d'écu caché

sous la mousse, pour venir se placer entre elle
et moi sur le chemin du sanctuaire! Que dis-
je?... Sa mère, qu'elle aimait tant, et dont elle
était si aimée, ne devait-elle pas auparavant
mourir de douleur; en la maudissant peut-être!
J'aurais cent fois brisé mon cœur, si je l'avais
jugé capable de s'ouvrir à une pareille frénésie!
— Ce n'est pas tout. Clémentine était riche,
beaucoup plus riche que je n'avais l'espérance
de l'être jamais; et là dessus ma résolution
était prise irrévocablement. A ce genre d'in-
compatibilité je ne connais point de transaction
possible. L'amour comptant des pièces d'or au
seuil de la chambre nuptiale,.... quelle igno-
minie! Du plomb fondu versé goutte à goutte
dans mes veines pour lui épagner une larme, à
la bonne heure!

Je n'avais aucune idée de ces dangers; ils
ne m'ont jamais coûté une veille. Ce n'était
pas de l'amour, à mon avis : c'était bien autre
chose; je ne sais quoi, cependant, et je n'aurais pas cherché à le dire. Qui aurait pu s'aviser
avant moi de nommer un tel sentiment? Les
gens qui font les mots savent-ils le secret de
toutes les pensées qui s'éveilleront d'ici à la fin
des temps au fond d'une âme d'homme? Les

bons pédans, avec leurs noms et leurs défini-
tions ! Je renferme là, rien n'est plus sûr, une
langue entière pour laquelle la voix humaine
n'a pas une parole ; et cette langue, je la sais
pourtant, quoique je ne puisse pas l'écrire. —
Mais si je l'écrivais un jour, l'entendraient-
ils ?

Je m'aperçus au bout de quelques mois que
mes visites, de plus en plus fréquentes, étaient
reçues un peu plus froidement. Clémentine
elle-même témoignait à mon égard une réserve
presque cérémonieuse, qui paraissait plutôt
imposée que naturelle à son caractère expansif. Un élan franchement tendre, un mot insi-
gnifiant que je savais comprendre, un regard
sans objet apparent que je savais saisir, un de
ces riens qui sont tout, suffisait à me consoler.
Cette position équivoque dura trop peu d'ailleurs pour me donner le temps de concevoir
des inquiétudes sérieuses. Mon séjour à Paris
avait un terme déjà franchi malgré les instan-
ces de mon père, et je ne sais comment je me
serais résolu à partir, si Clémentine ne s'était
disposée à revenir bientôt habiter notre province. Le jour des adieux vint enfin avec toutes
ses tristesses, mais encore embelli, en espé-

rance, d'une minute de bonheur. — Je me trompais. Clémentine n'y était pas.

A l'instant où je traversais, pour sortir, une petite pièce qui précède l'appartement, je la rencontrai. J'ai oublié ce que je lui dis ce que j'essayai de lui dire ; mais je me souviens qu'elle ne me répondit pas. Nous étions assez éloignés l'un de l'autre ; car du moment où nous nous étions vus, nous étions restés immobiles chacun à notre place. J'osai la regarder fixement, parce qu'elle ne me regardait point, et cependant son attention ne paraissait occupée par aucun autre objet. Sa physionomie avait une expression vague, mystérieuse, extraordinaire, que je n'avais pas encore remarquée dans ses traits. Elle était pâle ; elle avait l'air de souffrir ou d'avoir souffert. Je n'insistai point en paroles inutiles ; mon imagination ne me les aurait point fournies ; ma bouche aurait tenté vainement de les articuler. Soit que ma tête s'égarât, soit que j'eusse mal jugé des droits que me donnait l'amitié, cette amitié passionnée dont je parlais tout à l'heure, je m'élançai vers elle avec une impétuosité extravagante ; je saisis sa main ; j'allais la porter à mes lèvres, quand elle la retira brusquement, d'une ma-

nière qui annonçait la colère et l'effroi. —
Clémentine ! m'écriai-je en relevant subitement les yeux sur les siens ! J'y trouvai le
même mélange d'indignation et de terreur ;
mais j'eus à peine le temps de la voir, et je
me persuadai assez facilement depuis que je
pouvais m'être abusé sur la nature et la cause
de son émotion. Elle avait disparu en poussant
une plainte indéfinissable, un gémissement
sourd et profond, dont l'accent me déchira.
Il me semblait que ce n'était pas ainsi que
nous devions nous séparer. Je partis cependant.

Tout cela n'avait rempli qu'une minute. Cette
minute remplit six mois de ma vie. Je la vis pendant six mois dans cette attitude, avec ce regard, et je ne vis pas autre chose. Pendant six
mois, je sentis sa main s'arracher de la mienne,
de ma main qui s'efforçait convulsivement de
la retenir. Ce cri douloureux qui pouvait se
traduire en tant de sentimens divers, et dont
l'interprétation toujours nouvelle me faisait
passer dans le même instant de la volupté la
plus pure au délire de la douleur, je l'entendis
pendant six mois. Une étude grave, un péril
pressant, une fête, un duel, rien ne pouvait

m'en distraire, et je n'aurais voulu à aucun
prix en être distrait. Quand le monde m'entraînait malgré moi dans le torrent de ses affaires
et de ses dissipations, je ne cessais de me répéter tout bas le nom de Clémentine, pour m'i-
soler de la multitude; je le faisais retentir comme
un écho perpétuel de l'âme à travers toutes mes
pensées. Je savais combien il fallait de temps
pour le prononcer, pour l'écrire mille fois, et
c'était le seul emploi de mes heures, la seule
joie de ma solitude. J'étais parvenu à m'imaginer que la distance et le temps ne nous tenaient
éloignés qu'en apparence; que je ne l'avais pas
réellement quittée; qu'un autre moi-même,
plus constant, plus assidu, avec lequel je com-
muniquais sans effort, vivait à ses côtés de sa
vie et de sa présence, et que j'assistais par lui
aux scènes peu variées de ses jours, comme un
spectateur invisible. Cette robe lui sied, disais-je; elle l'a mise aujourd'hui, parce qu'elle
devine que je la vois, et qu'elle se rappelle
qu'elle n'en a point dont la couleur me soit plus
agréable. Quel souci fait passer une ombre légère sur son front? Je ne saurais m'y méprendre; car c'est son habitude alors de rouler ainsi
ses doigts dans les boucles de ses cheveux. On

lui parle d'une idée qui l'irrite et qui la contraint; j'en suis sûr au pli imperceptible qui
vient de se dessiner sur son sourcil à peine re-
levé. Peut-être est-elle menacée de quelque
retard à son voyage! Grâce au ciel, l'obstacle
est levé, le sourcil redescend, le pli s'efface;
elle sourit. Elle est donc heureuse de revenir!..... Et moi aussi j'étais heureux!

Un jour, on dit qu'elle arrivait; et quelques
jours après qu'elle était arrivée. Je doute que
ce changement dans ma situation ne m'ait pas
causé plus de trouble que de plaisir. Je comprenais peu le nouvel ordre de relations qui allaient s'établir entre nous. Je n'en prévoyais
pas clairement la portée et les conséquences. Il
me semblait que je n'avais pas eu le temps de
m'y préparer, et qu'il était trop tôt pour la
voir; j'aurais voulu quelquefois rester comme
j'étais, sous un prestige doux, qui ne dépen-
dait que de moi seul, et dont aucune volonté
étrangère à la mienne ne pouvait rompre l'enchantement. Quand on me dit qu'elle allait passer, ma poitrine se souleva comme si elle avait
dû éclater; mes jambes défaillirent; mes yeux se
voilèrent; je ne la vis pas. C'était dans une promenade. Au retour, je me décidai à maîtriser mon

âme, à l'affermir, à subir ce bonheur accablant
qui m'effrayait, parce qu'il n'y manquait presque rien pour qu'il fût mortel. Nous la saluâmes.
Elle répondit avec grâce, mais sans nous donner lieu de croire qu'elle eût remarqué entre
nous personne en particulier. Je voulus renou-
veler cette épreuve. Elle regarda cette fois, mais
ses yeux distraits se détournèrent quand ils allaient rencontrer les miens. Les jeunes gens qui
m'accompagnaient grossirent bientôt un à un
le groupe où elle s'était assise. Alors elle ne
regarda plus. A son départ, le mouvement de
la foule m'avait poussé si près d'elle qu'elle fut
presque obligée de m'effleurer pour la traver-
ser ; elle ne m'accorda qu'autant d'attention
qu'il en faut pour éviter l'embarras qu'on trouve
dans son chemin. C'était elle cependant; je l'a-
vais vue d'assez près pour la reconnaître. Je
l'avais même entendue ; elle riait.

— Il y a d'affreuses nuits !

Le lendemain, le surlendemain, souvent, je
la rencontrai seule. Elle me saluait encore,
comme à regret, sans me regarder, ou tout au
plus en laissant tomber sur moi un regard de
plomb. Je crus deviner.

Rien de plus naturel, dis-je amèrement. C'est

en effet Clémentine ; mais ce n'est plus celle que j'ai vue ; ce n'est plus le monde où nous étions placés tous les deux ; et le monde, c'est l'élément par lequel elle vit, c'est la source où elle puise sa pensée. Dans cet immense chaos de Paris, toutes les inégalités disparaissent, toutes les conditions se confondent. On n'a pas inventé jusqu'ici l'art de blasonner la figure humaine. L'homme qui fréquente la noblesse en reçoit quelque reflet aux yeux du vulgaire. N'ai-je pas entendu dix fois des domestiques imbéciles m'affubler en m'annonçant de leur sotte particule ? c'était le passeport, la lettre de crédit du roturier présomptueux, l'insolente explication de l'accueil des maîtres, un sceau d'emprunt qui falsifiait ma valeur sociale dans l'intérêt de leur orgueil. Ici, je ne suis que moi, le bourgeois obscur dont ces murailles attesteraient au besoin l'honorable, mais simple origine, le ver méprisable qui file un cocon grossier aux branches des arbustes, et dont cet essaim de papillons étourdis ne prévoit pas l'essor radieux ! Cette humiliation n'est au fond que la conséquence nécessaire de mon erreur. J'ai rêvé ! —

Non, repris-je aussitôt. Non, cela n'est pas

possible. Une faiblesse aussi vulgaire se comprend facilement dans cette populace de nobles, qui est à peine capable de distinguer les choses de leur apparence ; mais elle est incompatible avec les sentimens généreux d'une âme tendre, élevée, puissante, le chef-d'œuvre et l'honneur de la création. Quelques mois suffisent pour bouleverser des empires, pour niveler des montagnes, pour déplacer des fleuves de leur lit. L'éternité ne suffirait pas à produire une telle métamorphose dans cette organisation d'élite où Dieu a déposé le germe de tant de sagesse et de vertus ; où un naturel sublime a protégé ce germe précieux contre l'influence de l'éducation et des préjugés ; où je l'ai vu se développer, se fortifier, grandir à une hauteur inaccessible au vol de l'enthousiasme ! Il faut chercher ailleurs les motifs de mon infortune. Qui sait de quelles couleurs je puis avoir été peint devant elle ? Qui sait, hélas ! quel prétexte n'ont pas fourni aux mauvais offices de la haine les agitations, les violences, les excès de ces deux ou trois années d'épilepsie et de démence qui ont précédé le jour où je la vis pour la première fois ? C'est sous ce rapport qu'elle me connaît aujourd'hui, si différent de ce qu'elle avait imaginé, et mon caractère véritable, celui que je dois à la nature ou à Clémentine, n'est autre chose à ses yeux que le masque odieux d'un hypocrite. Elle croit m'avoir deviné. Elle me méprise. Elle m'abhorre. Voilà tout !

Je m'arrêtai à cette idée, tout affreuse qu'elle fût. Je m'y arrêtai peut-être parce qu'elle était affreuse. Le hasard me procura bientôt l'occasion de l'éclaicir.

Je ne sais plus qu'elle obligation m'avait livré aux ennuis d'une de ces soirées d'apparat et de fête qui sont insupportables partout, mais qui ne le sont nulle part autant que dans la *bonne* compagnie. Clémentine y arriva tard, en s'excusant sur une migraine dont elle avait été tourmentée, et qui laissait des traces trop sensibles sur son visage abattu. Je n'avais pu me soustraire à sa vue et à l'humiliante expression de sa politesse dédaigneuse; mais, quand tout le monde fut assis, je restai debout, et j'affectai de me diriger vers la porte du salon, pour lui faire comprendre que ce n'était pas l'espérance de la rencontrer qui m'avait conduit dans cette cohue. Mon intention était en effet de me retirer, mais la force me manqua. Je tombai

dans un fauteuil heureusement assez éloigné
du cercle des conversations et des jeux pour
que je pusse me croire seul, et m'abandonner
sans contrainte aux idées pénibles qui m'op-
pressaient. L'espèce d'anéantissement où j'étais
plongé me permit à peine de remarquer que le
bruit diminuait de plus en plus autour de moi,
et que la société, attirée par des symphonies
qui s'exécutaient dans un pavillon du jardin,
s'y était jetée tout entière au milieu d'une avenue illuminée. Clémentine avait sans doute al-
légué sa maladie pour se dispenser de prendre
part à ces plaisirs, et la tête appuyée dans sa
main d'où ruisselaient les ondes de ses blonds
cheveux, elle était encore là, penchée sur le
bras d'un canapé. Je tressaillis et je me levai.
Elle poussa un faible cri en m'apercevant et
s'élança pour sortir. J'étais déjà sur son passage.

— Pardonnez-moi avant tout, mademoiselle,
dis-je en lui opposant mon bras étendu : mais
n'allez pas plus loin sans me répondre. Le repos,
le bonheur, l'honneur de ma vie, exigent que
j'obtienne de vous une explication.

— Une explication ! s'écria Clémentine éton-
née.

— Mon impatience et mon trouble ne me permettent pas le choix des mots. Il y va pour moi d'intérêts plus graves qu'une vaine observation des bienséances. Pardonnez, je le répète, et oubliez bientôt, s'il est possible, ce qu'il y a d'irrégulier, d'inconvenant, de téméraire dans ma démarche, mais écoutez d'abord. Vous le devez à vous-même ! Quels infâmes rapports, quels mensonges artificieux ont fait tomber sur moi la colère et le mépris de la seule personne dont l'estime me soit chère au monde ?

— J'aurais singulièrement jugé, répondit-elle avec quelque hauteur, de l'impression que votre vue me fait éprouver, si elle se manifestait sur ma physionomie d'une manière si offensante. Je n'ai aucune raison de vous mépriser. La colère, la froideur même supposent une habitude de relations intimes qui n'a jamais pu nous rapprocher. Personne ne s'est permis de me tenir sur votre compte un langage que je n'aurais pas pris la peine d'entendre, ou que j'aurais certainement oublié. Votre repos, votre bonheur, votre honneur, n'ont donc été sérieusement compromis que dans votre imagination, dont je n'ai ni le droit ni l'envie de réprimer les mouvemens, mais qui m'obligera

fort à l'avenir, de m'épargner le rôle désobligeant qu'elle me fait jouer dans ses..... lubies.
Mon impatience et mon trouble ne me permettent pas non plus le choix des mots !...

Elle fit un pas vers l'avenue.

— J'accepte sans difficulté cet éclaircissement
rigoureux, repris-je en l'arrêtant, et je le tiens
pour une satisfaction complète; mais il m'importe de vous dire encore que vous avez fait
tort à mon caractère en le taxant d'une présomption trop hardie pour la foi que j'avais
mise dans votre amitié. Une imagination moins
sujette aux lubies que vous reprochez à la
mienne s'y serait peut-être trompée comme
moi; la mémoire des sentimens ne s'efface pas si
vite dans tous les cœurs, et si mon cœur pouvait
s'ouvrir à vos yeux, si je pouvais, Clémentine,
vous faire juger de la profondeur de sa blessure....

— J'espère qu'alors, monsieur, dit-elle en
relevant la tête d'un air impérieux et décidé,
vous auriez assez de sens et de délicatesse pour
me dispenser de recevoir vos confidences !

Elle sortit, car je ne la retenais plus. Il ne
me restait pas une idée, pas une volonté. Elle
avait tué mon âme.

Cela est bien , pensai-je quand je fus libre.
Celle-là aussi n'est qu'une femme, et une femme
noble encore , c'est-à-dire ce qu'il y a de plus
pauvre et de plus petit dans l'ébauche d'un être
avorté, multiplié par toutes les petitesses et toutes les pauvretés d'un préjugé stupide. Orgueil-
leuse petite fille ! ne semble-t-il pas qu'elle tient
mon existence dans ses mains, comme un jouet
qui n'est bon qu'à jeter ou à rompre ? et de quoi
dépend la sienne , pour justifier tant de morgue
et d'insolence ? Les torches qui ont brûlé le
château de son père sont-elles si bien éteintes
que la vengeance et le désespoir ne puissent
les rallumer ? m'a voix n'a-t-elle pas un pouvoir
assez éprouvé sur ces hommes de carnage et
de désolation , qui boivent le sang et que le
sang ne désaltère pas, pour les convoquer un
jour à quelque festin de cannibales ? Les révolutions ne sont pas toutes dans le passé, et je
n'y ai marqué jusqu'ici définitivement ni mon
drapeau ni ma place. Roturiers ! nous le serons
pour retourner , puisque vous le voulez , au
travail de la terre. Nous la creuserons des doigts
comme des hyènes , et nous y ouvrirons une
fosse qui vous dévorera tous ! Oh ! qu'il ferait
beau la voir s'échapper demi-nue à travers la

meute de mes dogues affamés, chercher un refuge dans ces bras qu'elle repousse, presser son
sein palpitant d'horreur sur le sein qu'elle dé-
chire, et, le front renversé, crier grâce et pitié, en cillant des yeux épouvantés aux lueurs
du poignard ! Pitié pour toi, vipère ! et que
peux-tu redouter? N'es-tu pas noble, Clémentine, et la peur a-t-elle troublé ton cœur d'enfant au point de te faire oublier que le fer du
peuple se brise ou se rebrousse contre le flanc
d'une fille noble ? Où serait autrement le privilége de ta race ? Ton cœur ! as-tu ménagé le
mien ? Rien ne pouvait nous rapprocher, selon
toi ! qu'en dis-tu ? C'est que tu ne pensais pas à
l'étreinte de la victime et de l'assassin! Regarde!
elle est aussi complète, aussi passionnée, elle
est mille fois plus voluptueuse que celle de l'a-
mour ! — Comme tu es pâle ! Comme tu crains
de mourir ! Comme tu n'implores lâchement !
Va, il n'y a pas dans tes veines une seule goutte
de sang noble ! tu n'es pas plus courageuse que
tu n'étais bonne et belle, quand je croyais t'aimer ! Que parles-tu de sensibilité, d'humanité,
de pardon ! Ah ! j'ai une idée confuse des sentimens que tu me demandes, mais je les ai dé-
sappris tout d'une fois, je ne sais plus où, un

soir de printemps, dans un salon de bal, au bruit d'une symphonie qui allait à l'âme. Je m'en souviendrais peut-être pour un enfant, pour un vieillard, pour un homme quel qu'il fût qui me dirait : ne me tue pas! et qui me presserait la main. Pour une jeune fille noble, jamais! il faut qu'elle meure! —

Je disais ceci à haute voix en courant dans la promenade, déjà abandonnée de tout le monde, où le hasard m'avait amené par des chemins que j'ignore. Ces derniers mots frappèrent mon oreille, comme s'ils avaient été articulés près de moi par un démon. — Ah! mon Dieu! mon Dieu! dis-je avec effroi, effacez du livre éternel ces blasphèmes exécrables, ce n'est pas moi qui les ai proférés! ne ce peut pas être moi. Je n'ai point d'armes, je ne veux point d'armes; je n'ai point de sang sur les mains! je n'ai tué personne!

Et je me précipitai au pied de l'arbre auprès duquel elle avait coutume de s'asseoir. Le sable que frappa ma tête, elle l'avait foulé la veille. Je le parcourus, je le pressai avidement de mes lèvres ardentes, et je le broyai entre mes dents.

J'avais compris tous mes malheurs à la fois.

9

Je savais, à n'en plus douter, que cette fièvre qu'elle avait allumée dans mon sang, c'était l'amour effréné, l'amour malade et furieux, une passion absurde, sans espérance et sans excuse, dont l'extravagance ne pouvait se mesurer qu'à ma misère. Je pleurai de rage et d'indignation contre moi-même; je craignis de devenir fou, et puis je le désirai. Un fou, il aime ce qui lui plaît; il ne voit point d'obstacle à ses vœux; il souffre d'un malheur dont il attend la fin, et il ne souffre pas seul, car il est sûr d'être aimé. Il épousera cette femme sensible et fidèle dont le sépare la haine d'un rival qu'elle déteste ou la malice d'un enchanteur qui la persécute aussi. C'est bientôt qu'il doit l'épouser; quand les galions de l'Inde lui auront rapporté ses trésors, ou quand ses vassaux révoltés viendront le prier à genoux de reprendre ses droits et sa couronne. Il croit en l'avenir; — et je ne connaissais point de bonheur possible qui valût son illusion, moi dont nul événement ne pouvait changer la destinée, moi qui n'aurais pas accepté la main de Clémentino si elle m'avait été offerte. — Affreuse tyrannie de la société, qui jette un homme dans un paradis de délices, et qui lui dit comme

le dieu jaloux : Tu ne toucheras point à ce
fruit d'élite et de prédilection, parce que je
me le suis réservé ! — Et pensez-y bien ! quand
vous n'existerez plus que par le sentiment qui
vous est interdit, on vous permettra, que dis-
je? on vous prescrira de vivre! On rivera la
chaîne de votre âme à cette odieuse prison de
chair dont tout le monde porte la clef sous la
monture de son canif ou dans le fourreau de
son épée! Vraiment, l'imagination la plus riche en malfaisance, la plus ingénieuse en sup-
plices, ne s'aviserait pas d'une pareille recherche de cruauté! Méconnaisse là qui pourra une
œuvre de vengeance divine! Le bonheur du
maniaque ou le repos du cadavre, un cabanon
à Bicêtre ou un lit de pierre à la morgue,
c'est tout. Si vous ne savez pas choisir, rési-
gnez-vous de bonne grâce à tous les raffine-
mens d'une torture qui n'expirera que de votre
dernier soupir, qui ne mourra que de votre
mort, et qui recommencera peut-être. Recommencer, rivivre, se rappeler, et savoir que
c'est pour toujours! Il n'y a rien à comparer
à cette idée dans tous les épouvantemens de
l'agonie.

Je ne paraissais plus. J'avais brisé tous ces

fragiles liens qu'on prend pour des attache-
mens , le filet de l'oiseleur sur un tigre blessé.
Rien ne me souciait. Rien n'était capable de
dérober mon attention à ce chaos de rêves douloureux où rien ne la fixait. Je ne me serais
pas détourné pour voir crouler le soleil. On le
remarqua , parce qu'on remarque tout dans le
cercle étroit des petites villes. Deux ou trois
femmes vaporeuses , deux ou trois jeunes gens
harassés d'ennui , qui venaient d'épuiser le
texte ordinaire de la conversation , la pluie , le
beau temps , le début d'une chanteuse , la toilette d'une amie absente , l'intrigue très-dia-
phane d'une étourdie et d'un sot , daignèrent
se communiquer complaisamment leurs conjectures sur l'origine et les symptômes de la
maladie morale qui m'éloignait du monde , depuis l'époque solennellement mémorable où
j'avais figuré pour la dernière fois parmi les acteurs d'une esclandre politique, les dupes d'une
coquette , ou les victimes du brelan. On déplora
le malheur inconnu qui causait mon aliénation.
Il fallait cela pour la constater.

Ces bruits parvinrent à mes compagnons
d'école que j'avais perdus de vue près de quinze
ans auparavant , entre le *Selectæ è profanis* et

les *Fables de Phèdre*, à la clôture des anciens
colléges. Ferdinand était du nombre de ces
honnêtes gentilshommes des champs, dont le
colombier représente assez bien un donjon du
moyen âge, quand on le regarde de loin et
avec toutes les dispositions requises pour adop-
ter cette illusion; qui ont un grand salon
garni de tapisseries délabrées et de vieux meu-
blés, autrefois fort galans; qui se promènent
après leur dîner dans une galerie revêtue ou
masquée jusqu'aux frises de portraits de famille inégaux de dimension et de bordures,
mais vénérables de cuirasses, d'hermines, de
barbes effilées ou d'amples perruques, d'ins-
criptions héraldiques et de gothique poussière;
et qui passent le reste de leur temps entre
la chasse aux chiens courans et le billard domestique, par respect pour les traditions des
nobles exercices; digne et vertueux jeune
homme d'ailleurs, sans procès, parce que
son père lui avait laissé une fortune claire et
solide qu'il s'inquiétait peu d'augmenter; sans
emplois publics, parce qu'il ne connaissait ni
orgueil ni ambition; et sans ennemis, parce
qu'il était serviable pour tous, et qu'il ne portait ombrage à personne. La nature l'avait

9.

comblé de bonheur comme elle l'avait pourvu
de sagesse, et elle avait bien fait. Il aurait
aimé sa retraite par instinct ; il la chérissait par
habitude et par philosophie. Une excellente
petite femme du même rang, mais du même
caractère, était venue depuis quatre ans l'embellir en la partageant. Deux enfans, jolis
comme des anges, et bien portans comme des
paysans, avaient dès lors doublé cette heureuse
famille à laquelle il faut ajouter quelques gens
de service, qu'on traitait comme d'autres enfans. A quatre lieues de la ville, au revers
d'un coteau délicieux, tout près d'une forêt
immense qui versait jusque sur le château la
fraîcheur de ses ombrages et la grâce de ses
murmures, sous un toit bien spacieux et bien
confortable, entre de bonnes murailles bien
épaisses et bien cimentées, mais d'un aspect
riant, qu'embrassait un superbe clos de dix-
sept arpens dont la rivière baignait l'enceinte
blanche et entretenait les viviers, il y avait là
un tableau à faire pleurer de joie.

Ferdinand vint me voir ; il s'assit à côté de
moi, me pressa cordialement la main, et après
un moment de silence expressif pendant lequel
nous nous rappelâmes plus de doux souvenirs

d'enfance que nous n'aurons eu le temps d'en
raconter en deux jours : — Tu souffres, me
dit-il, et je ne t'en demanderai pas la cause : il
y a des chagrins qui se soulagent à s'épancher,
mais il y en a aussi qu'on aggrave en les montrant aux autres, comme ces blessures que l'air
envenime, et dont le moindre contact irrite la
douleur. Nous passerons donc là-dessus pour
ne pas te contrarier, quoiqu'il y ait peut-être
plus de remède que tu ne penses à ton afflic-
tion. — Je lui témoignai qu'il se trompait. —
Soit, continua-t-il, je n'y reviendrai plus.
Ne te guéris pas, si telle est ta destinée ou si
telle est ton envie; mais ne repousse pas
du moins les soulagemens qui peuvent rendre ta peine plus tolérable, en te donnant
la force de la supporter. Tu n'en connais
point. Je m'en doutais. C'est comme cela
que l'on raisonne quand ou est malheureux
ou qu'on croit l'être, ce qui revient à peu
près au même. Il y en a trois cependant dont
l'effet n'a jamais manqué, l'amitié, l'étude et
le temps. S'ils n'aboutissent à rien cette fois-ci,
c'est que tu es placé dans une exception de
malheur dont il ne s'est présenté aucun exemple, et je veux bien te complaire en cette idée;

mais tu te rendrais coupable d'injustice et d'in-
gratitude envers ma tendresse en te refusant à
l'essai que je te propose. Écoute-moi ; tu ne
renoncerais probablement pas à la solitude ; et
je le comprends. La solitude est une amie triste
et sévère pour un cœur à plaindre ; mais enfin
c'en est une et n'en trouve pas qui veut. Ce que
je te demande, c'est d'en changer. Pars avec
moi maintenant. Tu n'as pas besoin d'être annoncé. Gabrielle te connaît, elle t'aime. N'a-t-
elle pas pris part à nos jeux d'enfans ? N'est-ce
pas elle, s'il t'en souvient, qui jouait Clorinde
au château, dans cette belle pantomime de la
Jérusalem délivrée où tu étais déjà si rêveur et
si mélancolique sous l'armet du farouche Ar-
gant ? Tu reconnaîtras ton bouclier de carton,
magnifiquement couvert de papier d'or. Il est
encore appendu au clou auquel tu confias son
poids précieux, quand la fin des vacances nous
força de quitter Solyme et l'armure des pala-
dins pour retourner au collége et reprendre le
dictionnaire. Tu reconnaîtras ta petite chambre
au pavillon gauche de la façade, et dans la
pièce qui précède, et qui n'est jamais habi-
tée que dans les occasions extraordinaires où
nous recevons des visites, une bibliothéque as-

sez nombreuse de ton temps , que je n'ai pas
mal augmentée.

— Je me souviens de tout cela comme si je
le voyais , interrompis-je en reprenant la main
de Ferdinand. As-tu coupé cette jolie pièce de
bois qui faisait un si joli rideau de verdure devant ma fenêtre?

— Le temps y a changé quelque chose, et non
pas moi. Elle a grandi. C'est maintenant une
futaie admirable, et je pense qu'il faudra peut-
être te loger autre part, si tu crains une ombre
trop épaisse pendant le jour , et le chant du
rossignol pendant la nuit.

— L'ombre et le rossignol, m'écriai-je! oh !
certainement c'est là que je logerai !

— Tu viendras donc, reprit Ferdinand d'une
voix attendrie !

— Un embrassement fut ma réponse, ne nous
partîmes.

La douceur passagère que ce petit voyage
mêlait aux amertumes de ma vie devait avoir
un charme bien puissant, à en juger par la
place qu'il tient encore dans mes souvenirs. Si
j'écrivais une nouvelle, une histoire , un livre,
j'effacerais ces détails qui n'ont que faire ici ;
mais j'écris, j'écris ce que je me rappelle, ce

que j'éprouvais, ce que j'éprouve, et ces détails, les voilà !

Quelques semaines s'étaient passées. Mon esprit se ressentit du calme de ce séjour de paix
où il n'y avait pas une pensée qui n'eût pour
objet de suspendre mes ennuis, ou de les ef-
facer entièrement de ma mémoire. — Nous y
parviendrons, n'en doute pas, me dit un jour
Ferdinand, en te réconciliant avec la société
que je recherche peu, mais qui n'est pas si
haïssable, quand on sait ne prendre d'elle que
ce qu'elle a de bon, et lui prêter le concours
d'une bienveillance qui est naturelle à tous les
cœurs honnêtes, sans lui engager sa liberté. Le
commerce des femmes surtout est une source
inépuisable de consolations, mais tu les as jusqu'ici aimées avec la véhémence de ton caractère, et je ne concevrais pas que cette manière
de sentir t'eût procuré auprès d'elles un seul
moment de félicité complète et pure. Les sen-
sibilités romanesques sont toujours dupes, et
c'est la faute de leur exigence. Pour tirer parti
de la fréquentation du monde, il faut le prendre tel qu'il est. En t'accommodant à ton espèce,
tu aurais trouvé qu'elle a son prix ; je veux
te voir entreprendre cette étude, sauf à y re-

noncer quand elle t'importunera. Nous allons
recevoir une société charmante !

— Ne va pas plus loin ! Je crois tout ce que
tu m'as dit ; mais je n'en suis pas à ce point de
ma guérison. Jouis d'un bien que tu comprends,
il n'y a rien de plus naturel. Laisse-moi éviter
un supplice qui me fait horreur ; nos conven-
tions m'en donnent le droit. Je reviendrai quand
il n'y aura plus ici de société charmante que
celle de ta femme et de tes enfans. Ne me parle
pas de l'autre !

— Sous cette condition, reprit Ferdinand,
je ne gênerai pas ta liberté ; je te l'ai promis.
Cependant j'espère encore que tu ne t'obstine-
ras pas dans une résolution trop subite. Il est tel
nom qui pourrait t'inspirer plus d'indulgence
pour les visites que j'attends, celui d'Estelle de
B...., par exemple, dont tu faisais l'autre jour
un éloge assez vif, et qui serait enchantée, j'en
suis sûr, de te rencontrer ici.

— J'y reviendrai quand elle sera partie.

— A ton aise. — Ai-je oublié de te dire que
sa fortune et celle de sa cousine étaient fort
changées ?

— De sa cousine ? Est-il possible ? Clémentine
serait-elle pauvre ?

— Voilà qui est étrange! tu as dit cela comme
si tu étais capable de le désirer?

— Quelle folie! personne ne fait des vœux
plus ardens que moi pour le bonheur d'Estelle...
et de Clémentine.

— Elles n'étaient que riches. Elles sont bien
davantage. Un parent éloigné leur a laissé par
testament un héritage considérable, et comme
le plus beau domaine de la contrée en fait partie, je suis surpris de ne pas les avoir encore
reçues, depuis qu'elles en ont pris possession.
Il n'est qu'à deux lieues de ma terre.

— Clémentine aussi, murmurais-je machinalement, sans prendre garde à l'expression
que ce nom pouvait avoir dans ma bouche.

— Clémentine aussi, prépondit Ferdinand qui
me regardait alors avec une attention pensive.
Sans doute!

Clémentine aussi! Rassure-toi! je ne cherche
pas à pénétrer ce mystère, quoiqu'il excite
assez vivement ma curiosité. Quelle foi faut-il
ajouter aux propos qui ont couru sur votre antipathie, sur votre haine, et dont le souvenir
m'échappait? Je n'y voyais en vérité qu'une
fable extravagante!

— Et tu avais raison! mille fois extravagante ! Dieu préserve de tomber sous ma main le misérable qui a compromis le nom de Clémentine dans ses impertinentes conjectures ! l'antipathie est un sentiment, et Clémentine me doit-elle un sentiment, je te le demande ? Où m'a-t-elle vu ? Où m'a-t-elle parlé ? Me connaît-elle seulement ? Et tu ne permets pas qu'on s'enfuie sans un désert pour y maudire librement les hommes !

— Calme-toi. Tu oublies que cette conjecture c'est ton émotion qui vient de me la rappeler, et que dans une autre occasion elle peut l'avoir fait naître.

— J'y pensais, continuai-je du ton plus réfléchi, que cette minute d'interruption m'avait donné le temps d'affecter. Il est trop vrai que ce nom fatal réveille dans mon âme une pensée douloureuse, qui doit se trahir sur mon visage quand je l'entends prononcer, mais qui se rapporte à une autre femme, à une Clémentine que j'ai connue autrefois, qui m'a été chère ailleurs, et que la terre ne possède plus. Cette circonstance explique tout. Fais-en l'usage que tu voudras, et laisse-moi partir.

Le soleil était déjà couché quand nous ren-

10

traînes au salon par l'escalier de la terrasse, au moment où la porte opposée s'ouvrait pour laisser entrer trois femmes, la maîtresse de la maison et deux autres dont la voiture venait de s'arrêter à la grille. La première passa devant moi en me souriant. C'était Estelle. La seconde, c'était Clémentine. Elle recula, comme si elle avait marché sur une couleuvre.

Dans le trouble que j'essayais de contenir, je saisissais de loin à loin à peine quelques traits de la conversation. La voix de Clémentine me parvint plus distinctement. — Nous espérions, en effet, dit-elle, passer quelques jours avec vous; mais une distraction d'Estelle nous force de retourner à la ville; et ce n'est pas sans regret que nous nous sommes aperçu qu'il était trop tard pour y arriver aujourd'hui. Elle a eu l'étourderie d'oublier chez son notaire les titres les plus essentiels de notre propriété. — Cette phrase-là, prononcée d'un accent ému et vibrant, avait une tout autre signification que celle qui lui reste sous la plume. Pour Ferdinand et sa femme, c'était une défaite; pour Estelle, c'était un caprice; pour moi, c'était une insulte.

— Je ne te comprends pas, reprit vivement
Estelle. N'avions-nous pas pensé que nos amis
trouveraient aisément, parmi les gens du village, un homme exact et sûr qui nous épar-
gnerait cette démarche? Il ne s'agit en effet que
de remettre ce billet à son adresse, et de rap-
porter soigneusement le griffonnage de l'homme
de loi.

— Je m'en charge, s'écria Ferdinand, qui se
disposait à s'emparer de la lettre.

— Et moi, ajoutai-je en faisant le même
mouvement, si madame veut bien m'accor-
der assez de confiance pour ne pas chercher
un autre émissaire, je me charge d'exécuter
demain ses intentions de si bonne heure, et
de lui envoyer la réponse qu'elle attend par un
domestique si expéditif, qu'elle n'aura peut-
être pas le temps de la désirer à son réveil.

— Vous nous quittez, me dit Estelle avec un
son de voix et un regard qui donnaient à ces
mots l'expression d'un reproche aimable et
triste.

— Avant le jour, et j'en prévenais mon ami
quand vous êtes arrivées. Un malaise pénible,
mais que la nuit dissipera, m'a seul empêché
de partir aujourd'hui.

BIBLIOTHÈQUE NATIONALE R.F. IMPRIMÉS

Je reçus la lettre de ses mains, et je pus me
retirer à la faveur du prétexte que le hasard
m'avait fourni. Je sortis sans regarder Clémentine ; mais je supposais qu'elle était contente.

La nuit était tout-à-fait tombée quand j'entrai, sans flambeau, dans ma chambre. J'ouvris la croisée qui donnait sur le petit bois ;
j'aspirai l'air extérieur, comme s'il avait pu me
soulager de l'oppression qui m'étouffait ; je
calculai stupidement combien il me restait
d'heures à compter encore avant de me mettre
en route, de manière à me trouver à l'ouverture des portes. Il y a des émotions qui suspen-
dent l'exercice de la pensée, ainsi qu'il y a des
douleurs physiques dont la violence, parvenue
à un degré intolérable, tient l'action de la sensibilité quelque temps interrompue. On ne sens
plus, on ne souffre plus, on n'est pas mal.

Cet état de répit finit vite ; le cœur reprend
son élasticité pour soulever, pour peser encore
le fardeau qui l'accable, pour s'épuiser en
nouveaux efforts, et pour succomber toujours,
toujours, tant qu'il se brise tout-à-fait.

— C'en est trop, dis-je enfin en marchant
précipitamment dans cette obscurité, dont ma
honte aurait voulu épaissir les ténèbres. C'est

trop compter aussi sur la patience d'une âme
énergique et fière, qui sait ce que vaut en désespoir une passion insensée, mais qui ne tran-
sige pas avec le mépris. Tue-moi s'il le faut ; tu
en as le droit, puisque je t'ai lâchement livré
ma vie ; mais flétrir mon caractère, je te le défends ! et prends-y garde, crois-moi ! Je déchi-
rerais plutôt ton cœur de ma main que d'y
laisser vivre un sentiment qui m'outrage ! Une
tache à l'honneur, c'est affreux ; une tache de
sang, ce n'est rien. — Sa haine ! je la comprends
sans me l'expliquer. Qui peut expliquer les misérables mouvemens de cet organe imparfait
qui palpite dans le sein d'une femme ? Ce dé-
dain offensant, je ne le subirai pas ! Je le mé-
riterais peut-être si je lui avais parlé de mon
funeste amour, si j'avais eu l'infamie de solli-
citer le sien, l'amour d'une noble héritière....
Mais l'inexorable frénésie qui me consume, je
l'ai cachée avec plus de soin qu'un trésor honteux, conquis par meurtre et par rapine. C'est
mon mal et mon secret. Et son amour à elle,
qui en veut ? — M'a-t-elle assez avili cependant !
A-t-elle porté assez loin le raffinement de l'in-
jure ! A-t-elle assez envenimé le dernier coup
qu'elle me réservait ! Venir jusqu'ici, dans le

10.

sanctuaire de mes seules amitiés, pour me forcer à rougir d'un affront qui ne me promet ni réparation ni vengeance ; pour me signaler à cette famille, où je reçois un accueil de frère, comme un homme à repousser de l'air qu'elle respire ! Oh ! je suis bien malheureux ! —

L'excitation passionnée de mon esprit avait usé mes forces. Un spasme douloureux tordait mes nerfs ; un nuage brûlant flottait sur mes yeux, et dévorait mes paupières ; mes oreilles sifflaient ; je respirais avec effort ; je me soutenais à peine. Je me jetai tout vêtu sur mon lit, et j'y fus surpris aussitôt par ce sommeil confus, orageux, turbulent, qui, loin d'endormir la faculté de penser, la tourmente, de fatigues sans nombre, en la ballottant avec une sorte de malice amère entre les songes et la réalité. Je ne sais combien il y avait d'heures que cet état durait, quand je m'imaginai voir Estelle et Clémentine, et les entendre parler de moi. Je ne discernais pas le jeu de leur physionomie ; je ne suivais qu'à demi le cours de leur conversation ; mais mon nom y tombait à intervalles égaux, comme un refrain qui rappelait de temps en temps mon attention, au moment où elle était près de se laisser distraire

par un autre rêve. Contre l'ordinaire des illusions
de la nuit, celle-ci devenait de plus en plus luci-
de, et tout à coup elle fut assez distincte pour me
réveiller. Je regardai en sursaut dans ma chambre pour y chercher l'objet de mon étrange
vision. J'étais seul; mais un jet de lumière
qui la partageait dans son étroite longueur , et
la conversation qui continuait sur le même ton
et sur le même sujet qu'auparavant, m'aver-
tirent subitement qu'il n'y avait qu'un de mes
sens qui eût été trompé. Si je ne les avais vues
qu'à la merci des caprices du sommeil, je les
entendais certainement encore. Mes idées se
débrouillèrent promptement. La pièce voisine
était destinée aux étrangers : je le savais de
Ferdinand. Une des cousines , qui devait l'habiter , y était reconduite par l'autre , et l'inat-
tention d'un domestique maladroit , qui avait
laissé la porte de communication ouverte , me
rendait le confident involontaire de leur entretien. Je m'assis brusquement en appuyant
avec force mes pieds sur le parquet , dans le
dessein de l'interrompre ; mais il était si vivement engagé que l'on ne m'entendit pas. — Que
faire? paraître ou parler, c'était une scène de
terreur et de fantasmagorie , digne des romans

anglais, si fort à la mode alors dans les salons;
c'était probablement pis encore : un guet-apens
d'étourdi, que les extravagances de ma vie passée me permettaient à peine de justifier en le
rendant tout entier au hasard ; et il fallait, pour
me croire, qu'on prît, contre toute apparence,
la peine de m'écouter ; c'était enfin une action
loyale sans doute, mais qui pouvait me perdre,
et ne profiterait à personne. Il avait été question de moi d'ailleurs, j'en étais sûr ; et si j'en
croyais les notions vagues de mon dernier songe, il n'avait été question que de moi. Comment
expliquer, comment rendre sensible à un esprit
irrité dont je ne me dissimulais pas les préventions et l'inimitié, l'idée que j'eusse tout entendu sans rien comprendre ? Ces propos n'é-
taient-ils pas de nature peut-être à inquiéter
deux faibles âmes sur leurs résultats? Ne valait-
il pas cent fois mieux en garder dans mon sein
le triste mystère que d'en aggraver les conséquences par un scandale dangereux ou du moins
inutile, dont ma générosité indiscrète recueil-
lerait pour unique fruit le soupçon d'une lâ-
cheté et d'un mensonge ? Elles allaient se
séparer, et pendant que leurs pas s'éloigneraient
assez pour qu'il me fût possible, avec un peu

de précaution, de leur dérober le bruit des
miens, j'arriverais à cette fenêtre ouverte, qui
ne s'élevait pas de plus de quinze pieds au-dessus de la terrasse, et j'en descendrais facilement
pour gagner le petit bois et même la route. Je
connaissais assez d'issues pour cela. Cette suite
de raisonnemens paraît longue à parcourir.
J'aurais eu, je crois, le temps de les embrasser
tous à la lueur d'un éclair. Je restai immobile ;
et comme on n'avait pas cessé de parler, j'entendis malgré moi, en appelant impatiemment
de mes vœux l'occasion de sortir de cette contrainte insupportable, et d'exécuter mon projet.

— Je te le répète, poursuivait Estelle, ces
défaites indignes de ton esprit, comme ce procédé injuste et mortifiant est indigne de ton
caractère, ne peuvent me faire changer d'opinion sur son véritable motif. Personne ne s'y
est trompé. A ce changement bizarre et soudain
de résolution, à la gaucherie de ton prétexte,
à l'amertume intérieure qu'annonçaient malgré toi ton maintien et tes paroles, ce jeune
homme, qu'on dit affligé de peines profondes,
s'est empressé de renoncer aux consolations
qu'il trouvait chez ses amis. J'ai vu Ferdinand

près d'essuyer une larme. Et toi , Clémentine ,
si ton miroir avait pu te montrer ce qu'il y avait
alors de joie insultante et cruelle dans tes regards, je suis persuadée que tu en aurais rougi.

— Assez ! assez ! interrompit Clémentine.
Crois ce que tu voudras. Il est possible que tu
aies deviné.

— Achève donc de te faire comprendre ! mon
cœur en a besoin pour te pardonner cette fantaisie impitoyable, et tu sais s'il doit désirer de
te revoir toute parfaite, comme il t'a vue jusqu'ici ! Qui te force à navrer un étranger presque inconnu pour nous , mais d'une condition
honnête et d'une vie estimable , un homme
dont la société est recherchée par des gens qui
nous valent, d'humiliations que tu ne voudrais
pas faire subir au dernier des misérables ? Quelques égaremens de jeunesse , fort amplifiés par
la sotte chronique des salons de province , et
qui ne prouvent, à les bien considérer , que
l'exaltation d'une âme trop sensible dont le
temps et l'expérience n'ont pas encore réglé
les mouvemens ? Ne les a-t-il pas réparés par
une conduite sans reproche , qui lui concilie
l'indulgence et même l'intérêt des juges les plus
froids, les plus exigeans, les plus sévères, après

une épreuve d'un siècle?... — Ce n'est pas trop dire, puisqu'elle dure depuis près d'un an. — — Depuis son retour de Paris, dit Clémentine en laissant tomber ses paroles, du ton d'une question sans conséquence? —

— Je ne sais, — mais je pense que c'est depuis son retour de Paris. — Est-ce la différence de nos conditions? Je conviens qu'il n'est pas de notre rang, mais tout le monde n'en est pas; et la société, qui nous défend de certaines alliances, tolère pourtant des rapports de politesse, de bienveillance, d'amitié quelquefois, entre nous et nos inférieurs. Elle les rend souvent nécessaires.

— N'insiste pas à ma honte sur cette odieuse supposition; tu n'es pas heureuse aujourd'hui dans tes conjectures. — La noblesse! que m'importe? Qu'ai-je fait pour être noble, et que dois-je à la noblesse pour me soumettre à ses lois, quand elles révoltent la nature et la raison? Ces lois cependant nous dominent, malheureuses que nous sommes! Elles sont la règle de notre destinée, elles font le supplice de notre vie! La noblesse! veux-tu que je la maudisse?

— Je ne t'en demandais pas tant; — mais comment concevoir d'après cela...

— Pauvre Estelle !... tu m'as interrompue trop vite, car mon âme allait s'ouvrir.—Écoute !

— Et si ce jeune homme, *presque inconnu pour nous*, dont tu parlais tout à l'heure, aimait la jeune fille noble à qui la société défend *de certaines aillances ?*...

— Je le plaindrais,—mais cela est impossible ! Son expansion inconsidérée, son caractère extrême, auraient depuis long-temps laissé échapper un pareil secret.

— Attends encore ! Et, s'il l'aimait autrement qu'il n'a jamais aimé ! s'il le lui avait fait comprendre sans le lui dire ! — si enfin..... — Mais tu ne m'interromps plus !

— Je le plaindrais, te dis-je, et ne te blâmerais pas moins. Sa passion serait un malheur et non pas une offense. Elle te prescrirait la réserve, la froideur peut-être, et tu devrais l'éviter pour lui-même. Le repousser avec indignité..... Non, Clémentine ! cette inhumanité ajouterait à sa misère, et je serais désespérée de trouver en toi cet affreux courage !

— Hélas ! s'écria Clémentine, sait-on ce que l'on fait quand on lutte contre son cœur !

— Que dis-tu ?... Mais tu pâlis, tu pleures, tu n'achèves pas.... — L'aimerais-tu ?

— Ah ! si je l'aime !....

— Clémentine !....

Ce dernier cri fut proféré par deux voix, mais le cri d'Estelle couvrit le mien, qui mourait sur mes lèvres. — J'étais debout, car il y avait une minute que je commençais à craindre de ne pas veiller et que je cherchais à m'assurer de l'exactitude de mes sens par la liberté de mes actions. En ce moment, je cédai au sentiment inexprimable qui m'accablait, mélange de délices et d'épouvante, d'extase et de désespoir, où ma pensée anéantie cherchait en vain à se retrouver elle-même. Rien ne me parvenait plus qu'un bruit de sanglots ; rien ne m'apparaissait plus que les traits de Clémentine en larmes, et malheureuse de m'aimer. Cet aveu qui n'était pas fait pour moi, cet arrêt de grâce, impuissant pour me sauver, cet amour du ciel, qui ne me délivrait pas de l'enfer, et dont l'accent profond se propageait dans tous mes organes, ne m'en laissa pas long-temps le libre usage ; mes doigts, inutilement liés à la colonne de mon lit, se raidirent encore, et puis glissèrent. Je fléchis enfin ; et je tombai sans force et presque sans connaissance. Je crus goûter le bonheur de

11

mourir ainsi , mais le retentissement de ma chute me ranima , en me rendant la crainte d'être surpris. Il y eut quelque temps de silence. —

— As-tu entendu ?.... dit Clémentine , là , dans ce cabinet.

— Rien , répondit Estelle. — Le vent, peut-être , qui souffle à travers ces croisées ouvertes.

Elle ferma la porte , et je n'entendis plus qu'un murmure vague , bientôt suivi du bruit d'une autre porte qui se fermait aussi, et du grincement d'une clef qui tournait dans sa serrure. Je respirais ! Je m'élançai, je courus ; j'atteignais ma fenêtre , quand ma chambre se rouvrit.

— Ah ! s'écria Clémentine , en se jetant dans un fauteuil, la tête renversée , et en couvrant ses yeux de ses mains, pour ne pas me voir, — vous m'avez écoutée ! vous savez tout ! malheur à moi ! Je ne vous aurais jamais cru capable d'une si basse perfidie ! —

J'étais couché à ses pieds , je palpitais , je balbutiais , je fondais en larmes , je me justifiais en termes confus , en prostestations , en sermens ; et sans la voir , sans l'interroger ,

sans l'entendre, je compris qu'elle ne me
soupçonnait plus. J'ignore comment cela se fit,
mais une joie si vive et si achevée combla mon
sein, une vie si nouvelle remplaça la mienne,
qu'il me sembla qu'une autre âme m'était don-
née; j'élevais mes mains frémissantes vers elle;
je trouvais une de ses mains qu'elle avait laissée
retomber. Je la saisis, et elle ne la retira point.
Le feu qui en descendait se répandit par torrens dans toutes mes veines; je le sentis enve-
lopper mon cœur; je changeai tout-à-fait de nature. Je devins Dieu !

— Ne parle pas, ne parle pas ! dis-je avec
transport. Que me dirais-tu ? qu'ai-je besoin
de savoir ? Ce mot : Je t'aime ! tu l'as prononcé tout à l'heure...... c'est le dernier que
je veux recueillir de ta bouche. Le dernier !
C'est assez, c'est trop pour une seule existence, pour une seule éternité...... Ce que tu
essaierais de m'apprendre sur mon bonheur,
impossible, sur mon avenir sans espérance,
je le sais. Je n'aspire à rien, je n'espère rien.
Mon bonheur, je le possède, mon avenir, je
l'emporte ! Il ne manque rien à mes jours : ils
sont pleins. La société, le malheur, la mort
n'y peuvent rien. Tout mon être est dans un

souvenir, dans une pensée, dans une parole qu'aucune puissance n'est capable de me ravir. Le reste, je le rêverai ! — Ne crains pas, ne tremble pas ! sois tranquille et heureuse ! Va ! tu ne me verras plus, tu ne m'entendras plus nommer, tu n'auras plus peur de ma rencontre ; et si le hasard me ramenait sous tes yeux...... ton indifférence, tes mépris, ton indignation, je subirai tout, j'aimerais tout, je t'adorerai d'autant plus que tu me rebuteras davantage, parce que je mesurerai ta tendresse aux efforts que tu feras pour la cacher. Ne m'aimes-tu pas ? que me faut-il ? Et l'opinion ? que me fait-elle ? Ne tremble pas, ne crains pas ! ne regrette pas ton secret. S'il est tombé dans mon cœur, c'est pour y mourir avec moi, maintenant, cette nuit, quand tu voudras ! Ici, partout, au bout du monde, ma volonté, c'est la tienne ! Dois-je m'éloigner, revenir, partir pour toujours ? Je ne te demande ni un mot, ni un signe, ni un regard ! Pense et je devine ; désire, et j'obéis.

— Partez, partez, je vous prie, dit Clémentine ; et quoi qu'il arrive, pardonnez-moi !

J'abandonnai sa main, humide de mes bai-

sers ; de mes larmes , et sans me détourner
pour la voir encore une fois , je m'élançai par
la fenêtre. J'entendis une exclamation d'effroi,
et je ne m'arrêtai pas. Je traversai les bois , je
franchis les fossés , j'escaladai la muraille , je
marchai droit devant moi, par les brouissailles,
par les ravins , par les rochers , sans chercher
un chemin , sans éviter un obstacle, sans réfléchir , presque sans penser. J'arrivai ainsi
aux glacis de la ville , qui était encore fermée.
Je trouvai que cela était bien. J'avais besoin de
marcher plus long-temps , de respirer à mon
aise, de me sentir vivre. Le ciel était si beau,
l'aube si fraîche et si pure , la nature si riante !
C'était une matinée de fête ! il y avait des merveilles et des ravissemens à tout ce que je voyais,
à tout ce que j'entendais , à tout ce que je touchais. Je jouissais de tout comme si j'avais appris à exister , je remarquais tout comme si je
m'étais trouvé des sens et une âme pour la
première fois , les aspects , les bruits , les parfums , le miracle éternel de la création qui re-
commence tous les jours ! Et moi, plus heureux
à moi seul que la création tout entière , si elle
pouvait s'admirer dans sa pompe et dans sa
beauté ; moi , qui renaissais comme elle à des

voluptés qu'aucune voix ne saurait exprimer;
moi, ce jour-là, chéri, prédestiné, comblé de
biens entre tous les enfans de Dieu! moi qu'aimait Clémentine !

Le bonheur passe vite au cœur de l'homme.
Il se prolongea dans le mien comme une idée
fixe, comme cette folie que j'avais un jour désirée. Il en différait peu par sa réalité présente.
Le fou et moi, nous étions à peu près condam-
nés à la même contrainte. Il en différait peu
par sa perspective imaginaire. Le fou et moi,
nous devions nous rencontrer à peu près au
même but. Le seul avantage qui fît pencher la
balance en ma faveur consistait dans un seul
mot de Clémentine, dans une syllabe, dans un
cri que le hasard m'avait livré ; mais cette différence imperceptible, — il faut avoir aimé
pour le savoir, — c'était le bonheur, c'était
quelque chose de plus ! Un bonheur qui l'em-
portait en ivresse comme en pureté sur toutes
les joies qui ont jamais assouvi l'espérance la
plus avide, sur toutes les illusions qui ont jamais fasciné l'imagination la plus féconde en
rêves magiques ! Notre amour n'avait rien à attendre du temps, mais il n'avait rien à en redouter. Il n'avait point de terme heureux à

trouver dans l'avenir , mais il n'avait point de
terme. Il n'était pas de notre vie, il était de notre âme. Il laissait bien loin tous les amours de
la terre qui savent leur destinée. Il savait , lui,
qu'il était sans destinée , et par conséquent
sans vicissitudes , sans changemens et sans
fin !

Ma tristesse était dissipée, mon expansion re-
venue. Mes études me plaisaient ; je reportais
sur mes affections familières toute cette sura-
bondance de sentimens heureux qui débordaient de mon âme. J'aimais plus que jamais
la solitude , parce que c'était là que j'habitais
avec elle , que j'osais l'aimer et lui parler
comme si elle avait été présente , mais j'en sor-
tais plus content , plus transporté que d'un rendez-vous mystérieux où tout m'aurait été accordé ou promis. Je savais en prolonger les délices dans des nuits d'enchantement que j'étais
parvenu à dérober au sommeil. Là nous con-
versions en amans, en époux, avec un abandon réciproque qui me trompait moi-même,
car ce qu'elle me disait, elle me l'aurait dit. A
force d'appeler son âme vers moi, je crois que
je m'en étais emparé. Je lui faisais répéter. *Ah!
si je l'aime !*... et il me semblait l'entendre en-

core. Je me persuadais , et je ne pouvais pas
me tromper , qu'elle était occupée de la même
idée ; qu'elle soutenait le même entretien ; que
ses expressions s'accordaient avec les miennes ,
aussi bien que si elle y avait répondu. J'en saisissais jusqu'à l'harmonie accoutumée , jusqu'à
l'inflexion agitée et nerveuse , jusqu'au soupir
long et un peu haletant qui les suivait , quand
elle avait parlé avec émotion. — Combien de
fois j'ai étendu le bras sur mon oreiller vide
pour y appuyer sa tête fatiguée ! Combien de
fois je l'ai senti s'engourdir sous son cou , sous
ses épaules , au point de me confirmer dans
mon erreur , et de ne pas me laisser douter
qu'elle y reposait réellement ! — Elle dort , disais-je , il ne faut pas la réveiller. — Et ma
bouche perdait sans le savoir le baiser qu'elle
essayait d'attacher à ses cheveux. Le jour venu , je concevais qu'elle n'y fût pas. Sa mère et
le monde auraient-ils consenti à me la donner
et ne devait-elle pas obéir à sa mère ? Je l'avais
obtenue d'elle et de Dieu : c'était assez.

J'avais d'autres plaisirs encore , des trésors
dont je savais seul tout le prix ; un morceau
de ruban bleu qui était tombé à Paris sous ses
ciseaux , une corde de sa harpe, qui s'était bri-

sée sous ses doigts , un brin de plume qui s'é-
tait détaché de sa coiffure , une romance
qu'elle avait écrite et notée, et dont j'ai baisé si
souvent tous les caractères un à un. — Une
ancolie surtout qu'elle avait portée sur son sein,
qui avait senti battre son cœur et palpité avec
lui, et dont je m'emparai sous ses yeux et de
son aveu , un jour qu'elle la remplaçait par une
ancolie plus fraîche. Nous aimions tous les deux
cette triste fleur qui ne se plaît que dans les
lieux écartés, sous des ombrages mélancoliques,
et dont le front sombre et meurtri semble se
pencher vers une tombe. Elle ne m'a jamais
quitté depuis. La voilà !

Et quand elle était à la ville, que de soins
pour éviter sa rencontre, que de regards jetés
au loin pour me détourner à temps de son passage , que d'attention à obscurcir , à cacher ma
vie, pour lui épargner jusqu'au souci de m'entendre nommer ! Non ! jamais amant ne mit
plus d'artifice et de sollicitude à épier les démarches d'une maîtresse adorée , pour ne perdre aucune occasion de la voir, que moi pour
n'en être pas vu. — Je la revis cependant.

Ferdinand ne venait à la ville que pour les
affaires qui exigeaient absolument sa présence,

et dont je ne pouvais pas me charger à sa place ; mais il avait pris un de ces logemens que
les propriétaires campagnards appellent en province leur *pied-à-terre*, et où je n'allais que de
nuit, quand ses intérêts le demandaient, parce
qu'il était précisément en face de la chambre
que Clémentine occupait dans l'appartement
de sa mère. Lorsque Ferdinand retournait à la
campagne, j'en conservais la clef. Un jour, au
coucher du soleil, un orage qui commençait
à gronder, et qui parcourait le ciel avec une
impétuosité effrayante, m'obligea de prendre,
pour abréger mon chemin, cette rue que je
m'étais sévèrement interdite. Des gouttes de
pluie, tièdes, larges et pesantes, marbraient
déjà les pavés. L'ouragan mugissait d'une manière horrible. Toutes les portes se fermaient,
tous les passans avaient disparu, Il aurait fallu
chercher le premier refuge venu. J'entrai dans
la chambre de Ferdinand. La tempête éclata
tout-à-fait avec un fracas à bouleverser les
cœurs les plus résolus, mais qui transportait
le mien. Je ne soupçonnais pas que personne
au monde partageât mon enthousiasme pour ce
genre de spectacle qui fait rêver l'anéantissement de l'univers, et l'avénement prochain

d'une éternité de repos. J'ouvris la fenêtre.
Quel tableau ! il n'y avait plus rien d'animé
que les élémens. La nuit tombait. La lumière
ne provenait plus de l'occident ; elle était partout dans l'atmosphère brûlante. La droite et
longue rue ressemblait au lit des ces rivières in-
fernales qui roulent des ondes enflammées. Les
faîtes des toits, les pointes des paratonnerres,
les flèches des clochers, s'illuminaient d'étin-
celles, de rayons, d'auréoles, de météores.
Les vitres, rouges et ardentes, brillaient comme
des bouches d'incendie. Celles de Clémentine
ne brillaient pas. Sa croisée venait de s'ouvrir
aussi. Elle y était, debout, immobile, ses regards
fixés sur moi. Ce n'était pas une illusion. Je la
voyais distinctement ; mais le nuage grossit,
descendit devant elle, s'étendit noir et impé-
nétrable comme un mur de fer. Un éclair le
traversa ; elle reparut. L'obscurité recommença
plus profonde, et s'éclaircit encore un moment
pour me la rendre. Heureusement les éclairs
devinrent si fréquens que j'avais à peine le
temps de la perdre de vue, et que cela ne m'inquiétait plus. Je les comptais comme les pul-
sations d'une artère, comme les battemens de
mon cœur ; et à chaque fois que leur lueur me

la ramenait, l'effet fantastique de cette alternative de jour et de nuit la rapprochait tellement
de moi qu'on eût dit qu'il ne fallait qu'étendre
les bras pour la saisir et pour l'emporter, et
pour me livrer avec elle à ce tourbillon confus
de ténèbres et de feux. Alors rien ne m'échappait. C'étaient ses mains qui me cherchaient,
son sein qui se soulevait comme pour venir toucher le mien, ses yeux humides et passionnés,
plus resplendissans de ses larmes; sa bouche
qui articulait des sons impuissans que cou-
vraient les grondemens du tonnerre. Je parlais
aussi; j'échangeais aussi mes cris, mes vœux,
mes sermens contre les siens. Je remerciais, je
bénissais, j'invoquais la foudre. Je souhaitais
qu'elle nous frappât tous les deux ensemble;
que le même glas chantât sur nos fosses voisines, que l'histoire de ce phénomène bienfaisant
mariât au moins notre nom dans la mémoire
des hommes! La foudre ne m'exauça point. Elle
tomba près de nous au moment où, le corps à
demi-élancé, nous n'aspirions qu'à nous unir
dans un embrassement de mort; car elle avait
eu certainement la même pensée. Ce fut là notre
flambeau nuptial.

Bientôt après, l'intérieur de la chambre de

Clémentine s'éclaira. On y était entré. Elle n'était plus seule. Les croisées se fermèrent. L'enchantement était fini.

Je restai toute la nuit à la même place, et j'aurais voulu que cette nuit durât toujours. Il faisait si bon ! L'air s'était épuré, le calme le plus parfait régnait sur la terre et dans le ciel, la lune nageait sans obstacles dans son océan bleu que sillonnaient à peine quelques bancs étroits de nuages, éblouissans de blancheur comme de la neige, et roulés à flocons comme des toisons. Elle inondait de clarté la pierre sur laquelle Clémentine s'était appuyée peu de momens auparavant, et que personne n'avait ni vue ni touchée depuis. C'était un bien à moi ! — Vers minuit je vis reparaître une bougie, je vis une robe blanche flotter, un bras qui s'enlaçait au rideau blanc et qui le laissait retomber. Et puis la bougie s'éteignit subitement, et je n'aperçus plus rien. J'espérai qu'elle reviendrait, et le reste du temps s'écoula ainsi à l'attendre. Quand le jour parut, une ombre se leva au-devant du rideau qui s'entr'ouvrit et se renferma sur ses pas : c'était Clémentine, qui avait passé les mêmes heures assise entre lui et moi, et dont j'avais cru rê-

12.

ver à plusieurs reprises la forme vague et les
faibles mouvemens... Clémentine ou une ombre
en effet ! — Ce fut pour jamais ! —

Huit jours après elle était partie, mais je
savais mieux encore que son âme était avec moi.
J'avais fait graver nos initiales dans une bague
d'alliance, à le date de l'orage, et je m'imaginais follement que ma femme voyageait. Je
continuais donc à goûter le charme ineffable
de mes promenades solitaires, quand le soir,
à l'endroit le moins fréquenté, qui m'était par
conséquent le plus familier, je fus surpris au
détour d'une allée par cette aimable et douce
Estelle, dont la curiosité obligeante m'avait
valu le bonheur de lire dans le cœur de Clémentine. C'était, selon toute apparence, la
première fois qu'elle s'y montrait.

— J'étais impatiente de vous voir, de vous
parler, me dit-elle en s'appuyant sur mon bras,
et, à dire vrai, je vous cherchais pour vous
adresser une question, mais une question singulière ! Vous proposez-vous de descendre à
Paris, cette fois, dans le même hôtel que les
années précédentes ?

— Sans aucun doute, répondis-je en souriant, puisque mon logement y reste à ma dis-

position ; mais je vous proteste que je ne me sens pas la moindre envie d'y retourner de long-temps.

—Vous n'y avez pas encore assez réfléchi, re-prit-elle avec une expression vive et sérieuse à la fois. — Encore une question avant de vous donner le temps d'y penser. Connaissez-vous cette écriture?

Il m'était impossible de me méprendre un moment aux traits qu'elle fit passer sous mes yeux.

— Je ne crois pas , dis-je tout tremblant. — Et mon émotion devait me démentir.

— Je soupçonnais que vous auriez pu la voir.... dans une romance. Alors devinez donc, car ce billet n'est pas signé; mais lisez sans scru-pule : il ne concerne que vous.

— Je lus , et je n'ai pas oublié.

« Il n'y a pas un moment à perdre ; il faut le
» voir , il faut lui dire de s'éloigner , d'aller à
» Paris; il faut lui dire que *je le veux* , et que
» j'espère qu'il se rappellera mes dernières
» paroles. »

— Vous entendez , poursuivit Estelle , et cela se passe d'explication. Lui, c'est vous. Elle , c'est.... Qu'avez-vous donc ? Quant à ses der-

nières paroles, elles auront peut-être laissé
plus de traces dans votre mémoire que sa
romance.

Je me les rappelais ses dernières paroles. —
Quoi qu'il arrive, pardonnez-moi, — mais à
quoi bon? je ne compris pas.

La semaine n'était pas finie que j'arrivais à
Paris. Je m'étonnai de trouver mon appartement préparé. — Oh! c'est que monsieur était
attendu, me dit le domestique de la maison.
Voilà une lettre qui l'a précédé de deux jours.
— Elle était d'Estelle, et je ne perdis pas de
temps avant d'en rompre le cachet. Les premières lignes me glacèrent le sang. Il était évident qu'elles avaient été écrites pour me préparer à un malheur. Je courus aux derniers
mots, et mes yeux se fermèrent en les cher-
chant encore à travers un nuage. Clémentine
était mariée!

Je ne sais de ce qui survint que ce qu'on
m'en a dit. Je tombai, je me blessai dangereu-
sement à la tête contre un meuble; on appela
des médecins, on me saigna. Quand je donnai
des signes de vie, j'étais en délire. Je me souviens qu'il ne me restait du passé qu'un sentiment confus et douteux comme un songe, mais

que dominait une résolution fixe qui m'occupa
six mois. J'avais entendu parler d'une chartreuse établie en Suisse, selon la rigoureuse
observance de l'abbé de Rancé. Je m'exerçai à
ce genre de vie, à cette habitude de privations.
J'y trouvai je ne sais quelle satisfaction amère
qui ressemblait à du bonheur, à mon bonheur
à moi, à celui que je pouvais encore concevoir.
Les pratiques pieuses, les méditations, les
prières, calmèrent peu à peu mon sang, et je
passai pour guéri.

Quoi qu'il en fût, mon projet s'affermissait de
jour en jour, et une seconde lettre d'Estelle
acheva de me décider à l'exécuter sans délai.
Je partis pour les Alpes.

Cette seconde lettre contenait aussi une affreuse nouvelle; — moins affreuse que la première, cependant! — Clémentine était morte.

Amélie.

*

Quand j'arrivai à Genève, j'étais déjà détrompé sur la possibilité d'exécuter le projet qui me conduisait en Suisse. L'obscur et modeste établissement de la chartreuse avait excité, non sans cause, la défiance de la police française qui le croyait fort propre à donner un asile aux ennemis désappointés du gouvernement de Napoléon, et qui ne pouvait tolérer nulle part l'existence inoffensive du proscrit navré de désespoir et de misère. L'Europe n'avait pas plus d'abris alors contre la tyrannie incarnée

dans un homme qu'elle n'en aura désormais
contre la tyrannie diffuse des masses. C'était
Python , ce sera l'hydre.

Les moines venaient de fermer leurs portes
au malheur pour la première fois , et de s'en-
clore avec plus de sévérité que la règle du fon-
dateur n'en imposait , dans leur rigoureux
manoir du Val-Saint.

J'avais à Genève un de ces amis que donnent
les sympathies de l'étude , et puis une de ces
amies que l'on ne doit qu'aux sympathies de
l'âme , le docteur Jurine et madame P... — Je
leur parlai de mes chagrins irréparables ; de
tout ce que l'on croit avoir de profond désabu-
sement et d'incurable amertume dans le cœur ,
quand on n'a pas long-temps vécu ; de cette vocation d'éternelle solitude qu'un contre-temps
inattendu venait de trahir. Le philosophe me
plaignit, et me conseilla de chercher l'oubli des
maux dans la pratique assidue de quelques douces sciences qu'il aimait et qu'il m'avait appris
à aimer. La femme pleura , me laissa pleurer ,
et s'occupa secrètement de me pourvoir d'un
emploi fixe et laborieux , qui pût distraire mon
esprit de ses peines par l'habitude d'un devoir.
Les relations de la librairie de son mari lui

avaient fait savoir qu'il existait à Berne un
vieux savant Anglais, nommé le chevalier Robert Grove, qui s'était fait toute sa vie une
grande affaire de petites recherches philologi-
ques sur les bons auteurs grecs et latins, et que
la perte d'un collaborateur très-instruit forçait
à réclamer les soins d'un jeune homme doué de
quelque aptitude à ce travail, ou capable au
moins de lui en alléger le fardeau. Elle ne me
fit part de ces détails qu'en me remettant une
lettre de sir Robert, qui me prenait pour
secrétaire aux appointemens de deux cents
francs par mois, et qui se chargeait de me dé-
frayer au surplus de toutes les dépenses essen-
tielles. Détourné par les principes religieux
qui me dominaient en ce temps-là, et qui ne
m'ont jamais entièrement abandonné, d'une
résolution extrême dont la pensée m'était venue
souvent; retenu peut-être aussi par le vague
instinct d'un avenir que mon imagination mobile
et romanesque peuplait encore d'émotions
et de mystères, je n'avais pas d'autre parti
à prendre dans l'état de ma fortune. Pouvais-
je ne pas vouloir d'ailleurs ce qu'elle avait
voulu pour moi ? — Bonne, charmante et
digne femme ! son nom seul serait un éloge, et

si je ne le laisse pas échapper ici tout entier ,
c'est que j'ai craint d'en altérer la pureté en le
mêlant à la déplorable histoire de mes passions.
Il reste heureusement assez de cœurs sur la
terre qui n'auront pas de peine à le deviner.

C'était un homme singulier que sir Robert.
Sorti d'une famille déjà chevaleresque et illustre du temps de Camden , il avait fait d'excellentes études à Oxford. Ses débuts littéraires
annonçaient une âme ardente et passionnée que
l'amour et l'enthousiasme pouvaient mener
loin , et qui obéissait sans le savoir à cette im-
pulsion de renouvellement dont le monde
ignorait encore le nom. Personne n'a su me
dire ce qui lui arriva ; mais vers l'âge de vingt-
cinq ans , il parut s'adonner à une piété d'abord
mystique et contemplative , qui ne tarda pas
à devenir scolastique et militante , parce que
l'impétuosité de son tempérament et de son
esprit ne lui permettait pas de s'accommoder
des partis moyens. Le troisième et le dernier de
ses irrésistibles penchans le dévoua pour toujours à l'éclaircissement et à l'illustration des lettres classiques, dont il était plus nourri qu'aucun
homme de son époque ; mais celui-là se fondit

si naturellement avec les deux autres, qu'on aurait juré que les trois n'en faisaient qu'un, et qu'il y avait dans ce phénomène, pour un théologien de sa force, un argument très-péremptoire contre les ergotismes de Servet ; en sorte que si l'on parvenait à se représenter distinctement un type composé du fougueux Luther, du pointilleux Saumaise, et d'un Werther sentimental et sophiste, comme son modèle, on connaîtrait à peu près dans sa triple unité le chevalier Robert Grove. Sa nouvelle passion l'entraîna sur le continent à la recherche des manuscrits d'Allemagne, de France et d'Italie. Un beau jour il s'arrêta en Suisse, où il demeurait à mon arrivée depuis près de vingt ans, et où il avait réalisé en viager une fortune honnête, quoique assez médiocre pour un Anglais. Il aimait à dire que ce fut la crainte du mal de mer, dont il faillit mourir à sa première traversée, qui lui fit prendre le parti de ne jamais repasser la Manche ; mais on supposait que des chagrins cachés pouvaient avoir influé sur cette résolution, et que la rencontre d'une de ces amitiés complètes dont la nature ne gratifie pas tous ceux qui en ont besoin, acheva de le décider.

Il l'avait trouvée à Berne en Jacobus Th..., plus jeune que lui de quelques années, animé comme lui d'une sensibilité mélancolique et rêveuse, pénétré comme lui de l'instruction la plus vaste et la plus exercée, mais supérieur à sir Robert même, au jugement de celui-ci, par le tact imperturbable de sa critique. C'est cet ami que la mort lui avait enlevé deux ans auparavant ; le chevalier était alors enchaîné dans son lit par une goutte opiniâtre qui ne l'a jamais quitté depuis, mais il s'était fait transporter au chevet de l'agonisant pour recevoir ses derniers soupirs. A compter de ce moment, il semblait avoir abandonné des travaux chéris, et le besoin seul d'occuper ses ennuis de quelque distraction utile aux sciences, venait de le décider à reprendre leur cours. C'était pour le seconder dans ce louable dessein qu'il avait appelé le premier venu, et le premier venu, c'était moi. Ce récit m'intéressa, je ne sais quelle puissance étrangère à ma volonté m'entraînait vers ce vieillard, si cruellement privé de son frère d'adoption; mais j'imaginais dans mon orgueil de jeune homme que ces destinées sérieuses, méditatives et solitaires, n'étaient pas sans rapports avec celles que l'avenir me préparait, et je croyais découvrir dans le hasard apparent qui m'ouvrait une carrière si austère pour mon âge, une de ces préméditations providentielles qu'on ne finit de rêver que lorsqu'on est réveillé de tout. Cette superstition intime a joué un grand rôle dans toutes mes entreprises, et je sens que je m'y livrerais encore, si j'étais assez malheureux pour avoir à recommencer.

Mes conjectures ne m'avaient pas trompé sur sir Robert. Dans cette complication unique de caractères bizarrement contrastés, je trouvai seulement un homme de plus auquel je ne pensais pas, un homme bon, facile, expansif, abondant dans ses idées avec la naïveté d'un enfant content de lui, heureux de croire en lui et d'inspirer sa confiance aux autres ; mais tolérant et même docile pour les opinions le plus opposées aux siennes, quand elles ne se présentaient pas sous une apparence tracassière et hostile ; exigeant d'ailleurs pour ces formes de l'esprit, comme il l'était en amitié ; plus boudeur au moindre nuage qu'une petite fille dont on a brisé la poupée ; revenu à la moindre marque de déférence ou de tendresse, et faisant toujours les frais du raccommodement,

13

en accordant plus qu'on ne lui demandait ; hyperbolique de paroles et de sentimens, d'éloges et de reproches, dans ses affections, dans ses haines, dans ses mépris, dans ses admirations, et ne connaissant point de nuances d'expression entre les superlatifs extrêmes, parce qu'il était lui-même un superlatif, une hyperbole morale, le plus excellent homme que la bonté divine ait jamais produit.

Je le vois encore d'ici dans sa petite chambre, quand j'y entrai une heure après mon arrivée à Berne. Je le vois couché à demi dans un fauteuil large et profond qu'il avait inventé, et qui se mouvait sur quatre roulettes, par un mécanisme ingénieux et commode qu'il avait inventé ; les pieds étendus sur un tabouret flexible qui se haussait, s'abaissait, s'éloignait, se rapprochait à volonté, et qu'il avait inventé ; le coude appuyé sur une grande table pivotante à cinquante compartimens qu'il avait inventée aussi, car le chevalier ne se servait de rien qu'il n'eût inventé. Il avait inventé sa boîte à thé et sa boîte à tabac. Il avait inventé son lit et son *somno*. Il avait inventé son écritoire et ses tablettes. Il avait inventé le bateau de voyage avec lequel il échoua sur les bords

de l'Escaut en sortant de Valenciennes. Il avait
inventé la voiture de sûreté qui le versa au
beau milieu de la plus belle route de France
dans l'avenue de Nevers. Je le vois, dis-je,
frappant des mains à mon entrée, et m'accueillant d'un regard aussi bienveillant, d'un
sourire aussi doux que celui de mon père. Je
vois sa noble figure, plus que sexagénaire,
mais fraîche, épanouie, vermeille, adolescente d'imagination et de pensées, et son vaste
front chauve, blanc et poli comme l'ivoire,
autour duquel se roulaient en boucles des cheveux d'un blond doré qui auraient fait honneur à un bachelier, car la nature avait pris
plaisir à laisser à son vieil âge des vestiges de
jeunesse, comme elle en avait laissé à son
âme.

J'ai dit que sa chambre était fort petite, et je
n'ai pas eu besoin de dire qu'elle avait toute l'é-
légance de la propreté, tout l'aspect de cette ai-
sance confortable qui rend la vie si douce en
Angleterre et en Hollande, et sur laquelle les
heureux Bernois ont peut-être encore enché-
ri. Ce que je n'ai pas dit, c'est qu'elle s'ouvrait
sur une belle galerie qui contenait la précieuse
bibliothèque du chevalier, précieuse par le

choix des auteurs, par l'antiquité des éditions,
par l'exquise perfection des exemplaires. Je
crois pouvoir répondre qu'on y trouvait tous
les classiques anciens, et tous leurs commentateurs, dans les plus magnifiques reliûres qui
aient jamais réjoui les yeux d'un bibliomane.
Le fauteuil mécanique se promenait souvent
parmi ces rares merveilles, mais le chevalier
n'avait pas encore inventé le moyen de l'élever
et de le soutenir à la hauteur des tablettes su-
périeures. Depuis long-temps même, il ne pensait plus à ce perfectionnement digne du génie
d'un Stévinus, parce que la providence y avait
heureusement pourvu, en lui donnant un domestique gallois, géant massif et perpendiculaire de six pieds quatre pouces de hauteur,
morne, épais indégrossi comme les *dolmens*
de ses aïeux, joignant à peine à la connaissance
de sa langue celtique une douzaine de mauvaises locutions de l'anglais du peuple, mais doué
d'une mémoire de noms et de lieux qui tenait
véritablement du prodige. Il n'était pas un volume indiqué par son titre et par sa date, qui
ne vînt se placer comme de lui-même sous la
main du colosse obéissant. A droite, à gauche,
en haut, en bas, de jour, de nuit, son instinct

ne se trompait jamais. Du temps de Cardan et
d'Agrippa, on aurait fait de Jonathas, ou de
l'homme longue-échelle (*master graetladder*),
comme l'appelait gaîment le chevalier, un
gnome soumis par la magie ; et si Walter Scott
l'avait connu, il ne l'aurait pas oublié dans sa
galerie fantastique.

Ma chambre était située à la partie opposée
de la bibliothèque, et c'était à travers le savant domaine de Jonathas que je venais chercher, à dix heures du matin, ma besogne quo-
tidienne. Alors, sir Robert travaillait déjà depuis quatre ou cinq heures, et ses notes jetées
sur des feuillets volans, dont, par bonheur,
elles n'usurpaient jamais le *verso*, étaient ordinairement parvenues avant mon lever au
centième chiffre de pagination. C'est ce travail
énorme qu'il s'agissait de réduire à sa plus simple expression ; pendant le reste de la journée,
que le chevalier employait de son côté à gros-
sir de quelque centaine de vers son ingénieux
et interminable poème sur une fleur de violette
trouvée dans du thé suisse, ou à rêver quelque invention utile qu'il n'avait pas encore
amenée à fin. Hélas ! ce serait bien malgré moi
qu'une légère ombre de ridicule obscurcirait

13.

ces détails d'intérieur philosophique ! Il n'est
point de supériorité morale qui ne trahisse
l'homme par quelque faiblesse , et si l'homme
était parfait, il ne serait plus question de le
peindre ; il suffirait de le nommer. Ce qui faisait sourire l'esprit dans les innocentes manies
du chevalier faisait en même temps pleurer
l'âme. On se disait : Voilà pourtant ce que nous
sommes, quand nous sommes tout ce qu'il nous
est permis d'être au-dessus de notre espèce !

L'aspect de l'effrayant manuscrit m'accabla
d'abord , et puis, je me sentis allégé d'un poids
énorme en le feuilletant. Nos deux premières
éditions critiques devaient être Horace et Tacite , parce que sir Robert avait compris en
deux ou trois mots d'entretien que je n'étais
pas assez fort pour le seconder de quelques
mois dans la publication de Pindare , son classique favori. Cette découverte lui coûta un
soupir. Elle devait m'en coûter de plus pro-
fonds , de plus déchirans ; et si quelque jeune
femme, à l'œil doux et au cœur tendre , était
un jour tentée , après ma mort, de déchiffrer
jusqu'ici ces pages barbouillées de pédantisme ,
elle ne se douterait guère de la liaison intime
que Pindare peut avoir dans le cœur d'un vieil

écolier avec un souvenir d'amour. En s'aidant d'un peu de patience, elle arriverait à la solution de ce problème, si j'avais la cruauté de l'y encourager ; mais je m'en garderais bien. J'écris pour moi mille riens qui me charment, parce qu'ils me font revivre des jours pleins de douceurs et d'illusions. Les géomètres disent : Qu'est-ce que cela prouve ? Les femmes le disent aussi. Je retourne donc un moment à mes paperasses.

C'était, je le repète, une chose terrible à voir, mais qui ne m'épouvanta qu'un instant. Quand sir Robert avait sous la main une phrase de Tacite ou un vers d'Horace, il dépouillait tous ses éditeurs, tous ses annotateurs, tous ses commentateurs, tous ses glossateurs. Toutes les explications, toutes les interprétations, toutes les variantes lui étaient bonnes ; il n'aurait pas omis une hypothèse ; il n'aurait pas dédaigné une faute d'impression. Le texte se noyait ainsi dans une encyclopédie de mots et d'idées, d'où il ne me restait qu'à dégager la leçon la plus vraisemblable et la glose la plus sensée. Le premier colaborateur du chevalier avait eu cet heureux instinct d'élection, qui est plus commun qu'on ne pense, ou aussi commun qu'on

le dit , car c'est tout bonnement le sens commun. Le mérite essentiel de ce labeur immense
n'en appartenait pas moins au chercheur infatigable qui avait préparé et mis en ordre ce
chaos de matériaux , et la plupart de nos gros
livres classiques ne se sont guère enflés de pages sans nombre qu'aux dépens des veilles d'un
érudit patient , qui s'était donné le temps de
tout savoir et qui n'avait pas pris celui de choisir. L'exiguité de mes résultats parut tourmen-
ter d'abord sir Robert , quoique j'y procédasse
d'une manière plus prolixe encore que son mémorable ami Jacobus. Comme je m'attendais à
cette impression , je lui rappelai l'adage latin
qui dit que le moissonneur ne doit pas être jaloux du crible ; et il me tendit la main en gage
de consentement. Je continuai à travailler depuis en conscience , mais selon ma fantaisie ; et
si je surprenais en lui un regret mal déguisé à
quelque anecdote piquante mais intempestive ,
à quelque belle observation philologique , tirée
de trop loin , qu'il était parvenu à faire entrer
dans son commentaire , en vertu d'une propriété élastique d'imagination que ne déconcertaient ni les transations les plus subtiles , ni
les écarts les plus lyriques , je le consolais en

lui montrant dans un *album* soigneusement tenu , toutes ces curiosités épisodiques rédigées
d'avance pour une occasion plus opportune.
Alors ses mécontentemens mutins se chan-
geaient en expansions de joie et de reconnaissance ; j'étais son autre Jacobus , l'Aristarque
de son sommeil homérique , le Phocion de son
éloquence , la hache de ses discours , le suze-
rain adoptif de ses livres et de ses manuscrits
le *Paulo-post-futurum* de sa renommée. C'était
là le *nec plus ultrà* de son affection démonstra-
tive. Maxime n'avait que les droits d'un secrétaire passif , mais *Paulo-post* aurait bâtonné
impunément un volume d'érudition fait pour
détrôner Scaliger.

Ce concours de zèle et de bon vouloir avait
accéléré la besogne. Nous venions de terminer
en quatre mois toutes les odes d'Horace depuis
Mœcenas a tavis jusqu'à *Dicere laudes*. Tacite
n'était guère moins avancé , et nous recevions
déjà des épreuves de Leipsick où nos deux premiers volumes étaient sous presse , quand je
crus remarquer un soir , vers la fin du dîner ,
que sir Robert était travaillé de quelque souci
intérieur. Il ne fallait pas pour cela un grand
effort de discernement , car cette disposition

d'esprit se révélait en lui par trois symptômesinvariables ; un regard triste et vertical qui s'attachait pensivement au plafond , un soupir à peine attendu qui s'élevait lentement en suivant la même ligne ascensionnelle , et un léger sifflement , ou plutôt une modulation presque insaisissable du souffle qu'aurait cent fois couvert le *lila burello* de mon oncle Tobie. Je fis part de mon observation au chevalier. — Cela ne te concerne qu'indirectement , répondit sir Robert avec douceur , en ramenant sur moi ses yeux paternels ; mais je pense à ma fin qui peut s'approcher ; et si la postérité ne me connaît que par ces deux incomparables éditions d'Horace et de Tacite , *mirum opus et integrum*, les myrmidons de la science me contesteront dans quelques siècles mes études d'helléniste. Pourquoi faut-il qu'on s'occupe si peu du grec dans le système d'éducation de votre drôle de France , et qu'avais-je à affaire aussi de te surcharger de travaux , au lieu de t'amener d'abord par des chemins de fleurs , chez *Paulo-post* , à lire plus couramment Pindare sous ma direction , que le *Carmen sœculare !* Quel événement pour ton institut, et pour tout le monde savant , que l'apparition simul-

tanée du Pindare et de l'Horace de sir Robert,
éditions modèles, éditions prototypes, éditions
monumentales, dont le succès toujours crois-
sant imposerait silence à l'avenir envieux, et
me sauverait l'affront d'avoir été l'homme d'une
langue et d'un livre !...

—Je vous avais prévenu, monsieur le chevalier, de ma malheureuse insuffisance.....

— Il ne s'agit pas de ton insuffisance, répliqua brusquement sir Robert ; et je n'ai que trop
de moyens d'y remédier ! — Mais, ajouta-t-il
en frappant fortement sur la table, j'hésite à
jouer si gros jeu ! — Holà, Jonathas, ma pipe,
une bouteille de Porto, et le Pindare de Calliergi.

— Si gros jeu, mon noble ami ! et qu'avez-
vous à ménager ?

— Ton bonheur, enfant, ton bonheur, dit
le chevalier. Écoute-moi avec attention et ne
m'interromps pas. Je t'ai souvent parlé de Jacobus, qui était mon crible, mon Aristarque,
mon Phocion avant toi ; je ne t'ai peut-être pas
dit qu'il possédait imperturbablement toutes
les bonnes leçons de Pindare ; mais ce diable
d'homme n'écrivait pas, et ma vieille mémoire
a perdu jusqu'aux moindres vestiges de ces ri-

ches traditions orales que je ne voyais aucune nécessité à fixer alors , puisqu'il était plus jeune que moi.

— Comment serait-il possible de les retrouver maintenant , murmurai-je à demi-voix ?

— Voilà la question , mais je t'avais dit de n'en point faire. — Le digne Jacobus n'avait commis qu'une faute en sa vie , faute grave et irréparable ! il s'était marié. Jacobus avait épousé , avant mon établissement à Berne , une damnée de païenne française , belle et bonne créature , si l'on veut , mais infatuée de toutes les superstitions du papisme. — Et je te demande pardon , mon fils , si je te parle ainsi de ta foi. Tu sais que je ne l'ai jamais contrariée , et que mes entrailles ne se révoltent point contre l'innocent infidèle qui a eu le malheur de naître hors de la voie du Seigneur. Je dirai plus : si la pitié manquait à mon cœur , ce serait plutôt à l'égard de l'apostat qui a renié la foi de ses parens , et auquel je me crois incapable de faire grâce. — Il avait eu deux enfans , un garçon et une fille pieusement élevés dans la profession du saint Evangile , qui est l'éternelle alliance des vrais chrétiens ; et il avait nommé le premier Mithridates, parce qu'il avait rêvé sur le berceau du nouveau-né, mon pauvre frère Jacobus, l'idéal d'un homme polyglotte qui apprendrait sans effort près de lui toutes les langues de Babel. La fille fut appelée Amélie du nom de sa mère, et tu conçois bien qu'à mesure qu'ils grandirent, tous les soins de l'éducation se distribuèrent selon leur destination présumée, à la fille les maîtres des arts frivoles, au fils les leçons des savans. Mais la Providence, qui se joue de nos projets, en avait ordonné autrement. Mithridates était à seize ans un musicien agréable et un joli danseur, parce qu'il avait profité des leçons que recevait sa sœur ; quant au grec, je n'avais jamais pu faire entrer dans sa tête les premières lignes d'Esope, il aurait vainement pâli pendant une semaine sur un monostique de Théognis. Soit que le travail eût brisé cette jeune organisation, soit qu'il eût porté en lui dès sa naissance le germe de la maladie funeste qui avait enlevé sa mère, à dix-sept ans il mourut. Le désespoir de Jacobus fut inexprimable ; mais cette âme forte ne s'y abandonnait que par secousses, et quand le trait poignant de la douleur venait rouvrir sa blessure sans être attendu.

14

Unjour qu'on aurait cru qu'elle avait parcouru jusqu'à les rompre, avec ses doigts de fer, toutes les touches du clavier sur lequel le souvenir d'un enfant mort retentit, elle en trouva une qui n'avait pas encore vibré. J'y étais, et nous avions ouvert devant nous ce Pindare que tu vois : Frère, me dit Jacobus en me serrant la main, je crois que je ne sais plus le grec, ma mémoire s'est fondue comme la cire des tablettes au feu de cette lampe qui a gardé une nuit son cercueil. S'il avait vécu, avec son heureux naturel qui n'avait pas encore répondu à toutes mes espérances, mais qui devait les combler un jour, il me rappellerait aujourd'hui toute ces scholies de Pindare que je lui ai si souvent répétées.... — Je les sais, moi, mon père, s'écria tout-à-coup Amélie en se jetant dans les bras de Jacobus, en couvrant de baisers ses yeux prêts à pleurer, et en me le cachant à demi sous ses longs cheveux. — Ces leçons me plaisaient, continua-t-elle. Je les ai écoutées ; je les ai retenues ; je n'en perdrais pas un mot. — Elle les savait, en effet ! le grec, un jeu pour elle, comme toutes les sciences auxquelles le génie peut s'élever ! une autre Olympia Morata, une autre Maria

Schurman ! un ange , une muse , une divinité
descendue du ciel , avec une lyre que la pudeur
et la modestie tenaient muette. Peu de mois
après, Jacobus n'existait plus.

— Amélie existe au moins, repris-je avec
vivacité.

— Amélie existe, me répondit gravement
le chevalier, — et elle sait toutes les leçons de
Pindare ! Aussitôt après la mort de son père,
elle recueillit les faibles débris de cette fortune de savant qui ne suffisait pas à une vie
oisive , et elle se retira dans une maison de
campagne à peu de distance de la ville . parmi
quelques dames respectables qui s'y occupent
de l'éducation des jeunes Bernoises.

Promptement distinguée entre elles par la pureté de son caractère et la perfection de ses
connaissances, elle est maintenant à la tête de
l'établissement.

— Il me paraît d'après cela , dis-je en souriant, que les leçons de Pindare ne sont pas
perdues. Je comprends que votre infirmité passagère vous empêche aujourd'hui d'aller les
recueillir. Je comprends qu'il puisse paraître
mal-séant qu'elle viole les engagemens volontaire de sa solitude, pour vous les apporter ;

mais s'il est indispensable de les entendre de
sa bouche ne me croyez-vous pas assez savant
du moins, pour vous servir d'intermédiaire,
et pour vous rendre les paroles mêmes d'Amélie, avec une intelligence aussi bornée, mais
aussi fidèle, que celle dont Jonathas vient de
faire preuve en déposant devant vous le Pindare
de Calliergi ?

—Je crois tout ce que tu dis là, mais je
crois que la brute furieuse qui roulerait des
bariques de poudre vers le foyer d'un incendie, et le charbon mal-appris qui enverrait son
Paulo-post bien aimé recevoir quelques miettes
de grec des lèvres d'une fille de dix-huit ans,
capable de faire tourner la tête à Zénon, mé-
riteraient d'être tenus pour également extravagans.

—Attendez, mon ami, et que ce ne soit pas
cela qui vous arrête ! Oh ! mon cœur est pré-
muni contre tous les amours, et votre Amélie
serait pourvue des attraits fantastiques de
cette princesse des *Mille et une Nuits* dont le
regard faisait mourir, que je pourrais lire impunément dans ses yeux de femme. Cependant,
qu'en résulterait-il, au pis aller, qu'une émotion
naturelle pour laquelle vous éprouvez encore

de tendres et éloquentes sympathies, et qui, entre deux êtres que vous daignez aimer, parce qu'ils vous inspirent tous deux de l'estime et de la confiance, resterait à jamais sans danger ?

— Sans danger, malheureux enfant ! sans danger, l'amour d'une protestante et d'un catholique romain, unis par leur frénésie pendant des mois de délire, séparée par leur foi pendant l'éternité ! sans danger, la réputation et le bonheur de l'unique fille de Jacobus, qui sont plus chers au vieux Robert Grove que la prunelle de ses yeux ! Sans danger, la malédiction des parens riches et avares dont elle attend le pain de ses vieux jours ! Sans danger, grand Dieu ! sans danger !

— Vous venez de me le faire comprendre, et non de me le faire redouter. C'est tout au plus dans les romans qu'on voit le destin de la vie dépendre d'une impression subite que trois jours effaceraient, si l'âme ne prenait plaisir à l'entretenir. Quel homme assez insensé nourrirait un moment l'illusion qu'un acte de sa volonté peut détruire, quand il est sûr d'en mourir s'il la laisse vivre ? Encore une fois, je ne crois pas à ces miracles de fascination dignes des contes arabes, mais si un mouvement im-

14.

prévu de mon cœur me forcait à y croire malgré moi ; je me garderais bien d'y céder ! Monsieur le chevalier , vous dirais-je le soir même,
renoncez à votre négociation ou à votre embas-
sadeur ! ma raison s'embrouille à mesure que
Pindare s'éclaircit , et vous n'aurez pas plus
tôt gagné deux ou trois variantes , que j'aurai
perdu la tête. Restons-en là s'il vous plaît.

— Et voilà ce que tu me dirais , reprit le
chevalier en me regardant fixément !

— Je le jure sur l'honneur !

— Halte-là , digne jeune homme ! ceci demande , entre nous plus de solennité ! A moi ,
Master Greatladder ! à moi , fidèle Jonathas !
Dans quelle crypte inconnue de notre bibliothèque avez-vous caché votre belle stature in-
folio et votre embonpoint atlantique ? mon Jonathas , où êtes-vous !

Jonathas ne répondait jamais. Il s'avançait
seulement d'un pas méthodique , et se plaçait ,
immobile et perpendiculaire , précisément en
face de son maître.

— Voilà qui est bien , continua sir Robert.
Remettez à sa tablette , cher Jonathas , ce no-
ble Pidare de Calliergi , et rapportez-moi le
Nouveau Testament grec du brave Froben ,

editio prineeps in membranis. C'est un beau livre, ajouta-t-il avec une expression exaltée
d'admiration dans laquelle on ne dicernait pas
aisément ce qui avait le plus de part à son enthousiasme, de la beauté de l'Évangile ou de
celle de l'édition.

Le volume parut, avec son splendide maro-
quin et ses riches fermoirs; il s'ouvrit par le
milieu, en déployant à droite et à gauche ses
pages fastueuses, et le chevalier poursuivit :
— Vous jurez donc sur ce livre sacré, mon enfant, sur ce livre qui contient la foi de nos pères et la nôtre, sur ce livre d'un Dieu qui a le
mensonge et la perfidie en horreur, que si
vous vous sentiez entraîné à une passion dont
les conséquences seraient mortelles pour votre
vieux camarade, vous viendriez déposer dans
son cœur cette faiblesse de la chair et du sang,
et que vous n'hésiteriez pas à vous soumettre
à tout ce qu'il exigerait de vous ! — Attendez,
Maxime, attendez encore ! ne vous livrez pas en
aveugle à la présomption de votre jeunesse! ne
prenez pas le nom du Seigneur en vain !

— Je le jure, monsieur le chevalier !— et
jamais engagement ne m'a paru plus facile et
plus doux à remplir.

— Alors , dit le chevalier après avoir rendu
l'Evangile à Jonathas , va donc voir demain
ce diamant , cette marguerite du monde , et
tâche d'en obtenir ces diables de leçons de Pindare , qui sont la pure fleur de toutes les scholies passées , présentes et futures ; nous les
introduirons dans les miennes aux dépens des
miennes , et nous publierons Pindare cette année sous les noms jumeaux de Jacobus et de
Robert. Ce travail achèvera , s'il plaît à Dieu,
ton initiation aux bonnes lettres grecques , et
nous serons en mesure de lancer l'année pro-
chaine Hésiode avec Tacite. *Monumentum exegi!*

Là-dessus , il me serra la main, et nous nous
retirâmes également tranquilles , sir Robert sur
le succès de ses éditions , et moi sur les résultats de l'entrevue la plus innocente dont il ait
jamais été parlé dans les compositions des ro-
manciers.

Quoique je n'aime pas les portraits , il faut
cependant que je donne une idée d'Amélie.
Elle était assise dans son jardin sous un cerisier
en fleurs , que le soleil pénétrait de toutes parts.
d'une pluie de rayons mobiles , qui tremblaient
autour d'elle au moindre souffle de l'air. Elle
se leva en m'apercevant. Moi , je m'exerçais à

la voir. J'avais déjà remarqué sa taille svelte, élancée, harmonieusement souple, comme celle dont mes poètes gratifiaient leurs nymphes, sa robe blanche flottante, ses beaux cheveux noirs rattachés négligemment sur sa tête, et je ne l'avais pas vue encore. Elle parla. Je m'enhardis. Le charme incomparable de ses traits, me frappa moins d'abord que son éclatante blancheur. Leur ensemble avait cependant un défaut, si c'en est un. Ses yeux étaient trop grands, trop longs surtout, mais ils avaient une expression qu'aucune parole ne peut faire comprendre; qui ne passerait pas tout entière, qui s'évanouirait peut-être sous le pinceau d'un ange. Ils étaient d'un bleu plus foncé que celui du ciel profond et sans vapeurs, que j'ai contemplé si souvent du haut des Alpes, et le reflet qui en descendait sur son visage avait quelque chose de cette clarté veloutée que la lune verse à la surface des lacs et des prairies. C'était comme deux sources de lumière divine, dont les flots subtils s'épandaient autour d'elle, et l'enveloppaient d'une sorte de vêtement. Oh! je n'accuse point le matérialiste disgracié de la Providence qui a cherché le secret de l'âme sans le trouver, mais je ne le comprendrais pas s'il avait plongé une seule fois sa vue dans le regard d'Amélie !

J'ai dit qu'elle était pâle. Elle l'était souvent. Il semblait que le sang ne circulât qu'à regret sous ce tissu délicat qu'un effort léger pouvait rompre ; mais la plus faible émotion l'y rappelait. J'essayai d'expliquer en balbutiant le message assez bizarre que sir Robert m'avait imposé la veille. Elle rougit alors, et je n'avais pas imaginé jusque-là qu'elle fût si belle !

— « Je suppose, dit-elle, que M. le chevalier ne vous a pas laissé ignorer le concours douloureux de circonstances qui me rappela ce que je savais du grec et de Pindare, et qu'il m'a épargné à vos yeux le ridicule d'une prétention si déplacée dans les femmes. — Je pris en effet plaisir à ces études, parce qu'elles procuraient un peu de consolation à mon père. Depuis notre séparation j'ai oublié ce que j'avais retenu, et ce que j'avais appris ; mais le désir de faire quelque chose pour sa mémoire et pour son ami peut m'inspirer plus heureusement que je n'ose aujourd'hui le penser, il faut que je rouvre ce livre si négligé pendant deux ans, et que je lui redemande des souvenirs qui me fuient. »

En parlant ainsi , elle avait porté la main à son front.

Écoutez , reprit - elle tout à coup , en l'imposant doucement sur mon bras ; — mais cet attouchement m'incendia comme si la foudre m'avait frappé. — Je ne sais par quel sens j'entendis le reste.

Écoutez : je serais plus sûre de ce que je puis. — Demain... — après demain , — n'importe , et d'ici là le travail auquel sir Robert prend un si vif intérêt serait peut-être commencé.

Il est probable que je m'engageai machinalement à retourner. J'entrevis encore Amélie comme un éclair dans la nuit , sa voix me parvint encore comme une mélodie passagère dans le silence. Je revins à moi du réveil d'un somnambule qui se demande long-temps s'il a rêvé. J'étais sorti de la route. Je ne savais plus où était Berne. Mes jambes défaillaient; mes yeux étaient offusqués de ces lueurs vagues , capricieuses, informes , violettes , cramoisies , orangées ; taches éblouissantes enlevées au prisme céleste par un regard trop long-temps fixé sur le soleil. Je m'assis sur le rocher. Je couchai ma tête sur mes mains Je pleurai. Je ne savais pas pourquoi je pleurais.

Infortuné ! m'écriai-je enfin, ton cœur n'était pas éteint ! tu n'avais pas usé tout ce que Dieu t'a départi de misère et de douleur ! voilà ton sang qui vit, qui fermente, qui bouillonne encore ! Te voilà rejeté comme une âme en peine, sur les limbes d'un paradis, qui est à jamais fermé pour toi ! Te voilà condamné une fois encore à l'humiliation dévorante d'aimer sans espérance ! — Bien plus ! à l'horrible malheur de ne pouvoir aimer sans crime ! — Aimer, répétai-je en me levant avec violence, et en reprenant d'un pas assuré la route que j'avais perdue ! aimer Amélie, peut-être !...

Amélie ! Amélie ! — et ce nom vibrait dans toute mon âme, et je ne comprenais plus que cela de ma pensée.

Aimer Amélie protestante, continuai-je en marchant toujours, et renoncer à la religion de mon père, à l'estime de mes amis d'enfance, de mes frères selon le baptême et selon l'eucharistie ; à celle de sir Robert même, qui me chérit, catholique, et me maudirait, apostat ! ou bien la perdre dans sa foi, la perdre dans sa réputation, la perdre dans sa fortune, et tuer d'une main d'assassin ce vieillard dont la bienfaisance m'a sauvé de la détresse et du

désespoir, cet autre père d'adoption auquel m'enchaînaient la reconnaissance et le serment!
— Et le serment! mon Dieu! je l'oubliais!... Allons, allons, le serment, je le tiendrai, et j'en subirai les conséquences!

Quand je fus arrivé dans la chambre du chevalier, je tombai d'accablement à ma place accoutumée.

— A moi, s'écria sir Robert, à moi Jonathas! A moi, de l'eau, des liqueurs, du vin de Porto! C'est mon fils excédé de fatigue, mon fils qui ne se soutient plus, mon fils qui se meurt! Ame de bronze! Ingrat Robert! tu veux donc faire mourir ton *Paulo-post!*

— Non, mon ami, lui dis-je en saisissant sa main, je ne suis pas fatigué; je ne suis pas malade; mais j'étais pressé de vous voir et de vous parler.

— Quelle nouvelle donc, reprit-il en rentrant dans la pensée où ma brusque apparition l'avait sans doute surpris? N'imprimerons-nous pas Pindare?

— Nous l'imprimerons, monsieur le chevalier, répondis-je en souriant amèrement de sa méprise. Amélie a seulement besoin de quelques heures pour recueillir ses idées. Elle m'a, je

15

crois, promis le commencement pour après-
demain, — ou pour demain.

— Demain, dit-il, après avoir un moment
réfléchi, cela serait indiscret. — Et si après-
demain tu n'étais pas remis de ta fatigue......
Te voilà pâle comme un mort maintenant, et
tu brûlais tout à l'heure.

— En vérité, je ne suis ni malade ni fatigué ! J'irai après-demain, je vous le jure !

— Tu me le jures ! A propos, quel effet a
produit sur toi la vue de ma Calliope, de mon
Uranie ? de ma Mnémosyne, de ma Déesse ?

— L'effet que produit une Déesse, la surprise, l'admiration, le respect.....

— Bien, bien, mon enfant ! je ne m'attendais pas à moins ! Une Calliope, une Uranie,
cher Maxime ! Une jeune fille qui sait mieux
les leçons de Pindare que le chevalier Grove !
Ce qui m'effrayait hier, c'était de penser à tant
de déesses qui se sont humanisées, comme de
simples mortelles, pour des yeux bleus et ex-
pressifs, ou pour une chevelure blonde et bou-
clée. Je t'en citerais, dans les mythographes,
une douzaine d'exemples que nous lirions avec
plaisir s'ils étaient en meilleur style, et si
Munckerus et Staveren les avaient mieux en-

tendus. Apporte-nous cependant les mythographes, Jonathas, toutes les collections des
mythographes ! Cela nous amusera en dînant.
Je respirai. Je savais bien qu'il ne serait plus
question d'Amélie, et que son souvenir allait
disparaître au milieu des digressions doctes ou
riantes dans lesquelles l'imagination du chevalier aimait à s'égarer. Quelle nécessité d'ailleurs de brusquer inutilement le secret insi-
gnifiant d'une première impression dont je me
rendais à peine compte à moi-même, sur laquelle je pouvais m'être mépris, et que j'avais
encore le temps de vaincre ? Et puis, désabu-
ser si vite mon vieil ami de la possession de ce
Pindare, en qui reposait une partie de sa
gloire, cela était aussi trop cruel ! — On ne
saurait croire combien la conscience la plus
droite a de moyens de se faire illusion sur ses
devoirs.

Le surlendemain me parut bien long à venir.
Amélie avait déjà rassemblé en effet tout ce
que sa mémoire lui rappelait de ces leçons pré-
cieuses sur les premières *Olympiques*. Elles les
avait écrites avec soin, et pour me les rendre
plus intelligibles encore, elle daignait me
les relire ou me les chanter ; car à tout le

charme de cette mélopée grecque, dont nous
n'avons que des idées confuses, sa voix sonore,
émue, pénétrante, ajoutait le charme d'une
mélopée qui n'était qu'à elle. La puissance de
cet organe enchanteur tenait aussi à un de ces
mystères qui découragent la parole. Pour l'exprimer aujourd'hui dans une comparaison digne
de la réalité, il faudrait faire comprendre ce
que peut exercer d'empire sur l'âme une
pensée de Lamartine proférée par la harpe
éolienne ou par l'harmonica.

Quand elle eut fini sa lecture et qu'elle se fut
assurée que je ne laisserais rien échapper de
ces nuances fugitives de la pensée poétique
dont elle avait le secret mieux que Pindare,
elle abandonna le volume. Nous étions dans le
jardin comme la première fois; les rayons du
soleil jaillissaient comme la première fois entre
les blancs bouquets du cerisier, se brisaient
sur sa tête en faisceaux légers et frémissans, ou
l'entouraient en auréoles. Des fleurs qui commençaient à tomber, quelques-unes avaient
jonché ses cheveux; le ciel mythologique n'aurait pas fait plus de fêtes à la muse elle-même,
s'il l'avait reconnue, recueillie et pensive, dans
la plus chère de ses solitudes. — Et moi, je me

taisais pour ne pas troubler cette solennité. Je
ne suis pas sûr d'ailleurs que j'aurais pu parler
si je l'avais voulu.

— Non, dit-elle, ce ne sont pas là des
poètes ! cette magnificence d'images et cette
pompe accablante d'harmonie et ce faste
éblouissant de mots, ce n'est pas la poésie!
Qu'importent les vaines gloires des peuples
et l'orgueil de leurs triomphes et l'ivresse de
leurs jeux ? La poésie n'est que dans la foi
et dans le sentiment, dans une croyance soumise ou dans une vive émotion du cœur.
Elle n'a pas prêté ses véritables inspirations
à l'extravagante vanité de ces nations antiques ; elle ne les prêtera pas à cette fausse
raison des nations modernes, qui n'est qu'une
autre espèce de vanité. La poésie de l'âme,
c'est le christianisme qui nous l'a faite, c'est
la réforme et la philosophie qui l'ont tuée.
Il faut croire pour entendre la poésie et pour
la sentir. Qu'auraient produit nos Milton et nos
Klopstock, oh ! c'étaient de sublimes génies !...
s'ils n'avaient remonté au berceau de la religion
pour lui redemander ses mystères ? Je m'é-
tonne que les anciens, qui étaient si heureux
et si riches en emblèmes matériels, n'aient pas

15.

représenté la poésie avec un bandeau comme l'amour.

Je la regardai ; ses joues s'étaient vivement colorées , ses lèvres tremblaient , ses yeux jetaient du feu...

— Cependant , dis-je en tremblant...

Elle tressaillit. — Pardonnez , monsieur , interrompit Amélie.... je suis sujette à céder ainsi à une impression qui m'a saisie , et je n'observe pas alors qu'on m'entend. C'est une étrange infirmité , mais je vis ordinairement si loin du monde ! Pardonnez-moi , je vous supplie , si j'ai laissé échapper une seule parole qui vous offensât dans vos opinions. Vous êtes protestant , sans doute....

— Je suis catholique romain.

— Catholique romain , s'écria-t-elle en se rapprochant de moi d'un élan. — C'est aussi , ajouta-t-elle en se retirant un peu , la religion dans laquelle j'ai été élevée , quoique je fusse née dans une autre.

— Ceci me confond , repris-je avant d'avoir pu démêler les idées qui m'assaillaient confusément. Ce n'est pas ce que j'avais appris du chevalier.

— Votre étonnement est tout naturel , dit

Amélie. — Mais rien n'oblige deux jeunes étudians en grec à renfermer leurs confidences dans le cercle étroit d'une version. Ma mère était catholique.

— Sir Robert me l'avait dit.

— Mon père ne l'était point ; il croyait sa religion meilleure, et cependant il était persuadé que toutes les manières d'adorer le vrai Dieu lui étaient agréables, quand elles étaient naïves !

J'en suis persuadé comme votre digne père, Amélie ; j'en suis sûr ! le Dieu souverainement bon, qui se trouvera peut-être de l'indulgence pour le crime, serait-il inexorable pour une erreur pieuse et sincère ? je ne saurais le croire ; et Dieu ne peut pas avoir permis que la pensée de sa faible créature fût plus bienveillante que lui.

— Je fus instruite sous ses yeux dans la religion de ma mère. Ce fut sa fille catholique qu'il bénit en moi au moment de me quitter pour cette longue absence de la mort ; et en m'embrassant tendrement, il me dit ceci : Écoute seulement ta conscience ; évite, si tu le peux, le bruit inutile et souvent scandaleux de l'abjuration. Le Seigneur connaît les siens. Mais quoi qu'il arrive, rappelle-toi toujours que le sanctuaire de la vérité, c'est une âme pure. Si tu te souviens de cela, nous nous retrouverons avec celle que j'ai tant aimée, dans le sein du même Dieu; car il n'y en a qu'un, et son nom soit glorifié sur la terre et dans le ciel! — Après cela il sourit, et je venais d'entendre sa voix pour la dernière fois. — Voilà tout.

— Les parens qui vous restent sont-ils instruits de vos dispositions?

— La crainte de les affliger m'obligeait à les tenir cachées. La crainte de tromper leur confiance m'obligeait à les découvrir. J'aimai mieux leur donner un chagrin que de leur dérober une affection. Aucun de ceux dont j'avais quelque fortune à attendre n'ignore mes sentimens. Je n'eus pas même dans cet aveu l'honneur d'un sacrifice. Le peu que je possède suffit à mon ambition; la loi m'accorde encore quelques avantages que mes économies rendent déjà superflus, et l'expérience m'a d'ailleurs appris qu'il n'y a point d'indépendance plus douce et plus assurée que celle qui résulte du travail.

Notre conversation dura long-temps, peut-être, mais il me serait aussi difficile d'en me-

surer la durée que d'en rappeler l'objet. Cet
abandon d'un moment nous avait conduits à
l'intimité de l'âme ; alors, tous les discours,
tous les mots, toutes les inflexions de la voix,
ont une signification que la parole ne peut
traduire ; mais cela est ravissant dans la mémoire. Il faut l'avoir éprouvé ; il ne faut ni le
raconter ni le lire.

Il y avait deux existences dans Amélie ; il y
avait deux âmes ; une âme de génie qui planait
au dessus de toutes les idées de l'humanité,
une âme de jeune fille qui compatissait à toutes
les faiblesses, à toutes les ignorances des créatures inférieures. Son exaltation était sublime,
et sa simplicité charmante ; elle avait des tristesses solennelles comme une reine céleste exi-
lée de son empire ; elle avait des joies d'enfant.
Je l'ai surprise à s'amuser d'un papillon, d'une
fleur ; à se parer d'une plume ou d'un ruban ;
à causer et à rire comme une simple femme, et
cependant, ce n'était pas une femme.

Ce que c'était, je ne le sais pas : une apparition sans doute ; une de ces communications
du monde imaginaire que l'on croit avoir eu,
qu'on se représente sous une forme idéale,
qu'on se souvient d'avoir perdues en peu de

temps, et qui laissent une trace éternelle dans
la pensée. Si je n'avais pas là ses lettres, ses cheveux, sa bague d'écaille, son portrait, je serais plus certain d'avoir rêvé. J'ai beaucoup lu
depuis ; j'ai lu *Julie*, la création d'un homme
sensible qui sait quelque chose de l'amour par
oui-dire J'ai lu *Corinne*, l'inspiration d'un
poète qui a beaucoup de tendresse dans l'imagination. En vérité, ces merveilles de style et
de talent ne sont que de froides merveilles,
parce qu'elles excèdent la portée habituelle de
notre nature imparfaite. Amélie s'en éloignait
bien davantage encore, car Dieu est plus puissant que le génie, et c'était Dieu qui l'avait faite. On ne me reprochera pas de l'avoir inventée, et qui inventerait Amélie ? Comment la
ferais-je comprendre, moi qui n'ai pas le secret
magique de ces gens-là ? comment oserais-je
dire : Voici quelle était Amélie, moi dont l'âme
s'étonne et succombe encore après tant d'années au seul retentissement de son souvenir ?
A moi et pour moi, ces réminiscences inex-
primables sans noms sans forme, sans couleur !
— Cela ne peut parler qu'à moi, comme le signe qu'un voyageur a laissé sur le chemin parcouru, comme la pierre blanche qu'un avare

a cimentée dans la terre sur son trésor enfoui.
Un jour peut-être il faudra bien que je me con-
damne à écrire des romans ou des nouvelles,
puisqu'on ne m'a trouvé bon à rien de plus
utile dans la meilleure des sociétés possibles ;
mais je me garderais bien de leur donner Amélie
pour héroïne. Je connais trop les règles de l'art.

Je la quittai plus tranquille. Les capitula-
tions de ma conscience me coûtaient moins.
Ce danger que sir Robert redoutait pour sa pupille, c'était un événement échu qui n'avait
pas dépendu de moi. Le serment que je lui
avais fait, c'était un engagement dont l'objet
n'avait rien que d'imaginaire. Je ne pouvais le
tenir sans violer un nouveau mystère plus im-
portant pour le bonheur d'Amélie, et pour celui du chevalier lui-même. Ses deux illusions
les plus chères en dépendaient, la constance
d'Amélie dans sa foi, et l'accomplissement d'une
édition de Pindare, immortelle comme Pindare. J'aurais été, je n'en doute pas, délié de ma
parole par un prêtre, et surtout par un avocat.
Les confidences que je venais d'obtenir, sans
le vouloir, me rendaient aussi libre que je l'é-
tais avant de contracter une obligation téméraire. Si j'avais pu lui répondre quand il m'ex-

prima ses inquiétudes : Amélie est catholique et
ses parens le savent , — que lui restait-il à me
demander ? Le serment de l'aimer avec pureté ,
avec une fidélité inaltérable , avec une résignation soumise aux volontés d'Amélie et de la
Providence ? Et qui l'aurait aimée autrement !
Étais-je arrivé d'ailleurs au point qui rendrait
un pareil aveu si nécessaire ? Aimer Amélie ,
grand Dieu ! Espérer qu'on serait aimé d'elle !
Ah ! je n'avais pas tant d'orgueil !

Au reste, le chevalier ne s'en informa pas. Il
n'interrogea pas une fois d'un regard mes regards qui m'auraient trahi. Il était trop absorbé
dans la contemplation de ces scholies que Pindare paraissait avoir inspirées de son génie, et
de cette glose plus poétique , plus élégante ,
plus harmonieuse que le texte. Combien de livres compulsés ! Combien d'auteurs appelés en
témoignage ! Combien de savantes illustrations
dédaigneusement confrontées avec les simples
notes d'Amélie ! Que de voyages pour Jonathas !
Mais Jonathas était impassible, et les bras chargés d'*in-folio* , il classait tout devant son maître avec une obéissance mécanique dont la pre-
cision aurait déconcerté le bibliothécaire le
plus habile. — Phénomène du siècle , s'écriait

sir Robert ! Incomparable enfant, qui a vu en Pindare tant de beautés célées à Schmidius, à Benedictus, à Sudorius, à mon ami Heyne, et, je pense, à mon frère Jacobus, car je trouve ici telle découverte plus précieuse que l'or et les diamans, dont je ne lui ai jamais ouï parler ! O Jacobus, où êtes-vous pour mouiller de larmes paternelles ce généreux rejeton, cette fleur prédestinée de votre tige glorieuse, cette vierge animée d'un esprit divin à laquelle j'élèverai un temple dans ma préface ! Où êtes-vous ? Jacobus ! car mon cher *Paulo-post* est préoccupé de trop de pensées sérieuses pour prendre part à mon enthousiasme !

Je frémis. J'eus besoin de me remettre un peu pour concevoir que le chevalier me reprochât de ne pas sentir le prix d'Amélie, et d'en parler froidement. Hélas !...

Ce n'était pas heureusement l'ouvrage d'un jour que cette édition de Pindare. Après les *Olympiques*, les *Pythiques*. Après les *Pythiques*, les *Néméennes*. Après les *Néméennes*, les *Isthmiennes*. Tout le monde sait cela; mais la moindre difficulté exigeait une visite à l'oracle, et j'aurais quelquefois pleuré comme Chapelle, que le chantre thébain n'eût pas assez vécu pour

16

remplir un volume de la taille de Jonathas. Sir Robert, qui jouissait presque autant de mes progrès que de ses acquisitions, était le premier à me presser de multiplier mes démarches. Il ne se plaignait jamais que je partisse trop tôt et que je revinsse trop tard. Il pensait que cette alternative d'exercice et d'étude était favorable à ma santé, à mon instruction, à mon bonheur. Il s'en informait à Jonathas, en l'accablant de surnoms que lui fournissait en foule son éruditon mythologique, et d'épithètes caressantes qu'il ne trouvait que dans son cœur ; mon doux Typhon, mon aimable Encelade, mon gracieux Prométhée. Jonathas, qui ne parlait, ainsi que je crois l'avoir dit, qu'autant qu'il y était contraint par une nécessité irrésistible, se contentait d'exprimer son approbation par une légère inclinaison de tête et par un étrange sourire. Quant à moi, je n'ai pas besoin de dire que j'étais de l'avis de Jonathas.

Le livre du chevalier nous occupait toujours Amélie et moi, mais il ne nous occupait pas long-temps. Je ne sais pourquoi je me trouvais de jour en jour plus d'aptitude à comprendre le travail, et moins d'impatience à le terminer.

Il en fallait si peu d'ailleurs pour fournir à sir Robert des recherches sans nombre et des amplifications sans fin ! Aussi, au bout de quelques minutes, le poète grec était abandonné, et il s'écoulait au jardin d'Amélie des heures délicieuses, pendant lesquelles on n'en parlait plus. Ce n'était pas qu'on fût distrait comme la première fois par quelque disgression subite et saisissante qui absorbait toute la pensée. On n'en parlait plus, parce qu'on cessait de parler. Plus l'âme est remplie alors, si je m'en souviens bien, plus la conversation devient insignifiante, et quand le hasard fait qu'on a échangé quelques mots, on rougit de n'avoir trouvé que si peu de chose à dire. On a honte, on a pitié de soi-même, et on se tait. C'est beaucoup quand on ose s'exposer à la rencontre d'un regard que l'on cherche, — et que l'on évite. Oh, quand elle est près de vous, doucement pensive, colorée par une légère émotion, les lèvres entr'ouvertes par un souffle à peine entendu, les yeux fixés sur un objet qui n'est pas vous, mais qui ne la distrait point, car elle le regarde sans le voir, quelle agitation turbulante vient bouleverser le cœur au moment où elle les ramène sur les vôtres sans s'attendre à les trouver, et quelle existence ne se sent pas près de s'anéantir dans cette volupté peu mesurée à nos forces! On se recueille, on se réfugie en soi-même, on a besoin de lutter contre son bonheur pour n'en être pas accablé! Comme le sentiment de la vie est pur et complet! Comme le sein se gonfle à contenir, à posséder le présent! Et cependant comme le temps vole, comme il s'en va! Vous avez beau vous imaginer que les soirées d'été sont longues; le son de l'heure n'a pas expiré sur la cloche que voilà la cloche qui en appelle une autre. L'ombre des arbres grandit pendant qu'on la mesure. Il faudra partir quand elle se plongera dans cette pelouse qui borde l'allée, et lorsque vous vous réjouissez qu'elle en soit encore si loin, elle y est déjà.

Le hasard ou un moment d'expansion avait un jour approché sa main de la mienne. Je ne saurais expliquer par quelle heureuse adresse j'y liai mes doigts de manière à ne pas la quitter. Cette communication, plus intime et plus douce que toutes celles que l'amour a inventées, devint pour les jours suivans un droit ou une habitude; cela, par exemple, rendait tous les entretiens inutiles. Que diraient les paroles qui valussent la correspondance muette de deux

âmes unies par la surface d'un épiderme intel-
ligent et sensible, par le frémissement sympa-
thique des nerfs entrelacés, par le bouillonne-
ment des artères, par la transfusion d'une moi-
teur tiède et pénétrante qui circule pour ainsi
dire d'un cœur à l'autre ? La possession d'une
femme aimée, je sais bien ce que c'est : mais
cela, tout le monde le sait-il ? N'est-il pas pour
quelques organisations tendres et passionnées
quelque sens inconnu au vulgaire, quelque organe plus délicat, plus pur, plus exquis en per-
ceptions, qui transforme, qui élève, qui spiri-
tualise notre essence, et qui la fait participer
par momens à la nature divine ? Je l'avais
jeune, cette faculté d'aimer autrement, d'aimer mieux que l'on n'aime ! Je la conserve
toute vivante au milieu des ruines de ma vie,
et je plains sincèrement les hommes qui n'ont
été qu'heureux, comme les hommes le sont.

Quand on se séparait, c'était autre chose. Là
commençait une nouvelle espèce de bonheur.
Cette félicité profonde qui ne s'était pas comprise restait tout à coup en face d'elle-même.
Elle se contemplait avec surprise, elle se goû-
tait avec ravissement. Ces calmes et silencieu-
ses voluptés faisaient place à l'exaltation, au

16.

délire ; toutes les sensations ressuscitaient , et
avec quelle vivacité ! Toutes les idées se déve-
loppaient , et avec quelle éloquence ! On ne se
contraignait plus ; on parlait, on criait , on
versait des larmes à sangloter de joie ! On prenait le ciel et l'univers à témoin de son extase ,
et il n'y avait pas un atome dans la création
qui ne s'animât pour sentir et pour répondre.
Comment n'y aurait-il pas répondu ? Quand on
a un amour immense dans le cœur, on refe-
rait un monde ! On pourrait dire à la lumière
d'être , et la lumière serait ! Je recomposais
tout. Je remettais tout à sa place , elle , moi ,
la nature, je voyais Amélie ; je la revoyais peu
distinctement , comme je pouvais la voir,
comme je l'avais vue. L'ensemble de ses traits
m'échappait , mais qu'en avais-je besoin ?
Qui a jamais vu dans leur ensemble les traits
de la femme qu'il aime ? qui s'en est jamais
souvenu ? mais, comme j'entendais sa voix ,
son parler franc, brusque , sonore , un peu
cuivré , qui vibrait long-temps comme une
flèche de métal émue ; comme un cristal vide
que le fer a frappé ! qu'il retentissait de plus en
plus harmonieux dans mon oreille ! il y vibre ,
il y retentit encore !

Et puis, ma propre pensée se prenait subitement pour moi d'une amour naïf, d'un enthousiasme d'enfant! C'était moi, moi seul, qui avais passé quatre heures auprès d'Amélie, dans l'air qu'elle avait respiré, dans le parfum de son haleine! dans les rayons de ses yeux. Je connaissais bien le côté de mon corps qui avait pu l'effleurer. Je m'asseyais toujours à sa droite, parce qu'il y avait toujours à l'autre extrémité du banc un petit socle sur lequel elle était accoutumée à s'appuyer. Je me serais dérobé de ce côté à l'attouchement sacrilége d'un papillon d'or ou d'une touffe de roses, avec plus d'empressement que n'en met un naïre à éviter celui du paria. Ma main qui avait pressé sa main, je la regardais, je l'aimais, je la trouvais heureuse, je la caressais de mes lèvres, je la cachais sur mon cœur, il me semblait que j'étais la pierre de Bologne d'Amélie, que je réfléchissais quelque chose d'elle, que ceux qui m'apercevaient de loin se disaient tout bas entre eux : Voyez !

Le lendemain du jour fatal où j'avais rapporté à notre laboratoire classique la dernière note d'Amélie, le chevalier exigea que j'allasse passer quelques jours à visiter les mer-

veilles de l'Oberland, pour me remettre des
fatigues d'une si longue assiduité au travail. Il
ignorait qu'elles ne me fussent sensibles que
depuis qu'elles étaient finies. J'acceptai cependant avec reconnaissance, parce qu'Amélie
était sur le chemin. Je pourrai la voir, disais-
je, et si je ne la vois pas, je passerai si près
d'elle !

Je la trouvai sur notre banc de gazon. Elle
y avait pris ma place. Elle la quitta, comme
si elle était honteuse de l'avoir prise ; je m'assis. Je ne la regardai pas, car j'avais à lui
parler. Je lui parlai en effet de ma courte promenade dans l'Oberland, et du désir que j'éprouvais de la revoir pour la derrière fois.

— Pour la derrière fois, répondit-elle en se
rapprochant de moi, et en m'abandonnant sa
main que je n'aurais pas osé prendre si vite.
Pour la dernière fois! continua-t-elle, en souriant. Les voyages de l'Oberland sont-ils si dangereux.

— Vous n'ignorez pas que je n'ai plus de
prétexte à l'égard du monde pour revenir auprès de vous?

— A l'égard du monde, s'écria-t-elle avec
étonnement !

— Il m'en reste moins encore aux yeux du chevalier.

— De sir Robert, reprit-elle ! Ah ! ah ! cela est vrai ! je n'y avais pas pensé. — Pour la dernière fois !

Nous ne dîmes plus rien. Elle ne s'était pas éloignée. Elle était là, près de mon sein. Elle me touchait. Elle ne m'avait pas retiré sa main. Sa main tremblait.

Il fallait qu'elle souffrît, car elle laissa tomber sa tête contre mon épaule. Cette fois-là, je sentis, j'aspirai son souffle. Ses cheveux s'étaient détachés. Ils se mêlaient avec les miens ; ils flottaient sur mon visage. Un de leurs anneaux vint jusqu'à ma bouche, et je le retins avec mes lèvres.

Quelque temps après, je crus sentir que son corps fléchissait. Je passai mon bras autour d'elle pour la soutenir. Il est difficile de s'expliquer comment on ne meurt pas alors, et cela serait si bien !

Ce fut elle qui s'aperçut que le soleil était couché. — Voilà la nuit, me dit-elle en s'élançant de quelques pas au-devant de moi. — Pourquoi n'êtes-vous pas parti ?

— Je vais à l'Oberland, Amélie, et que m'importe quel sera mon gite ce soir? une cabane, une bruyère, un rocher, tout est bon ! — Je la suivis cependant.

Nous fûmes si long-temps à gagner la vieille et sombre galerie qui conduisait à la porte, que les ténèbres finirent de s'épaissir. Amélie prit une lampe pour m'accompagner dans ce passage qui était long, ruineux, difficile, et qui avait appartenu à d'anciennes constructions. Des parties de la voûte qui s'en étaient séparées, çà et là, jonchaient le sol humide et mouvant auquel le temps les avait incorporées comme des roches naturelles. Dans tous les endroits où était parvenue la lumière du soleil, on voyait jaillir de leurs joints béans des poignées de mauvaises herbes ! et surtout de la grande éclaire à fleurs jaunes.

Amélie me précédait en se tournant de mon côté presque à chaque pas, surtout quand le chemin offrait quelque obstacle dangereux. Cette clarté livide qui projetait en haut les ombres de son visage que je n'avais jamais vu éclairé autrement que par le ciel, lui donnait quelque chose de l'aspect d'un fantôme. Elle me paraissait plus triste, plus grande et plus pâle. Une idée de mort s'arrêta sur mon cœur.

Je chancelai. La clé avait tourné dans la serrure. Le gond avait crié. L'air était devenu moins froid, l'obscurité moins sombre. C'était déjà l'extérieur, le monde de ceux qui croient vivre. Déjà cela ! —

Je retrouvai la main d'Amélie. Je ne savais plus ce que c'était qu'une main de femme. Je la saisis à la briser. Je la portai à mon front, à mes yeux, à ma bouche. Je la couvris, je l'imprégnai de baisers dans lesquels j'aurais voulu laisser mon âme. Eh ! qu'avais-je besoin d'une âme à moi, d'une âme qui n'était bonne qu'à souffrir ! La porte se referma. Je ne compris pas qu'Amélie ne fût pas sortie aussi, qu'elle m'eût laissé seul, tout seul ! Il me semblait qu'elle, c'était nous deux.

Tout à coup, j'entendis un cri. Je me précipitai vers cette porte, comme si elle n'avait pas dû m'arrêter. Il y avait là un de ces petits treillis de fer qu'on voit aux maisons des reclus, par lesquels on regarde, on parle, on interroge. Amélie était immobile à la place où je l'avais laissée, absorbée par une pensée fixe, et les yeux cloués sur la terre. Sa lampe tomba.

Je m'attachai à la porte. J'enfonçai mes doigts

entre ses moulures. J'essayai de crier aussi, je criai sans doute. On avait entendu. L'extrémité de la galerie s'éclaira, et je vis la robe d'Amélie flotter, se cacher et reparaître tour à tour entre les débris. Elle arriva.

Je ne me soutenais plus. Je défaillis sur le seuil, je l'inondai de mes pleurs, je le frappai de ma tête, je ne l'aurais pas quitté, si une idée ineffable, comme celle qui doit s'éveiller à la résurrection dans l'âme d'un élu, ne m'avait rendu la force et la vie.

Je me levai, je me tins debout, je marchai sans effort; je m'étais dit : Elle m'aime peut-être !

Je passai huit jours à parcourir l'Oberland, à errer, à gravir, à méditer, à jouir du bonheur d'être libre et de vivre avec ma pensée. Amélie n'était pas près de moi, mais je croyais sentir que son cœur me suivait. Depuis que je l'aimais, je n'avais jamais été aussi loin d'elle, et jamais je n'en avais été moins réellement séparé. Ce qui nous séparait, c'était ce qu'on peut parcourir de la terre dans un demi-jour de marche ; un peu d'air, un peu de ciel, pas un sentiment, pas une distraction. Sa voix était la dernière qui eût vibré dans mon cœur, sa main, la der-

nière que j'eusse touchée, son regard , le dernier qui se fût rencontré avec le mien. Je lui
parlais, je la voyais, je la touchais encore. Une
éternité heureuse , un vrai paradis pour l'âme ,
ce serait une émotion pareille , ainsi prolon-
gée , ainsi entretenue , sans altérations , sans
vicissitudes , sans défiance de l'avenir , et toujours , toujours vivante !

Le jour de mon retour à Berne , il était grand
matin , quand je passai au dessous de la maison. Je n'avais par dormi. Je m'étais levé dix fois
pour savoir si l'aube paraissait. Ne devais-je
pas voir cette maison , et pouvais-je la voir
trop tôt ? Enfin , elle se détacha blanche et
frappée du soleil levant au milieu de ses mas-
sifs d'ombrages , d'où elle s'appuyait jusqu'à la
route sur cette vieille aile de bâtimens déla-
brés , qui probablement n'existent plus. Tant
d'autres choses ont disparu depuis !

Il n'y avait qu'une croisée d'ouverte. C'était
celle d'Amélie. Je supposai qu'elle voulait jouir
de cette heure délicieuse où la nature s'éveille
avec tant de grâce. Je me flattai que ses premiers
regards s'y étaient tournés du côté de l'Oberland.
J'espérai qu'elle y reviendrait. Elle ne parut
pas. Rien n'était moins extraordinaire , et ce-

17

pendant je ne pus me défendre d'une étrange tristesse.

Cela m'étonna. Que manquait-il au charme de cette matinée ? L'horizon était si pur , l'air si doux , l'automne si beau avec ses magnifiques feuillages qui commençaient à peine à se marbrer de couleurs resplendissantes , comme si chaque arbre avait porté des grappes d'or et de pourpre ! Il manquait Amélie ; Amélie n'y était pas.

Je fus fêté du chevalier comme un enfant chéri qu'on n'a pas vu depuis des années, et qui arrive de loin. Cependant après quelque temps son visage se rembrunit , et sa tête lentement renversée en arrière jusqu'à devenir horizontale au plafond , le frappa d'un de ces regards verticaux sur la signification desquels je ne pouvais plus me méprendre.

Je conçus qu'il était survenu quelque malheur. Mon cœur se serra.

— Es-tu entré chez Amélie à ton retour, me dit sir Robert ?

— Chez Amélie , répondis-je ? et comment ? à quelle occasion ? à quelle heure ? pourquoi ? Pindare est fini.

— Elle est malade , reprit-il en ramenant sa

tête sur sa main aussi lentement qu'il l'en avait éloignée.

— Malade, m'écriai-je. En danger, peut-être ! Expliquez-vous, monsieur le chevalier ! Il était trop ému pour prendre garde à mon émotion. Il continua.

— En danger, — c'est selon. Les médecins ne le pensent pas. Ils parlent d'une indisposition, d'une espèce d'infirmité nerveuse qui ne compromet pas la vie ; mais ils disaient cela aussi de.....quelqu'un, d'une autre femme, d'un autre enfant, qui sont morts à la suite d'un mal qui avait les mêmes symptômes. Oh ! ceci, *Paulo-post*, m'est plus à cœur que les leçons de Pindare, plus à cœur que ma propre existence ! Amélie est tout ce qui reste de mon Jacobus !

Je n'entendais qu'à peine ; je rassemblais mes idées. Je réfléchissais. J'avais entendu parler de cette maladie extraordinaire par Amélie elle-même, j'en savais les caractères. Son cœur palpitait tout à coup avec violence. Ses oreilles bruissaient comme assourdies par la chute d'une cataracte. Ses yeux s'obscurcissaient, s'éteignaient, et puis son sang ne circulait plus, son pouls ne battait plus. Elle cessait d'être un moment, car la crise arrivée à ce point ne durait jamais qu'un moment ; elle n'en raportait d'autre souvenirs, que celui d'un songe confus, d'une excursion passagère dans les ténèbres de la mort ; mais elle s'en inquiétait si peu qu'elle avait presque réussi à me faire partager son insouciance.

Malheureusement, ajouta le chevalier, tu es trop fatigué pour aller t'informer aujourd'hui de son état dont tu jugerais mieux que Jonathas....

J'étais parti.

— Mademoiselle a expressément exigé de rester seule, me dit une des filles de service qui vint m'ouvrir, mais elle a excepté les personnes qui se présenteraient de la part de sir Robert.

Je volai vers la chambre d'Amélie. Je m'étonnai, quand je fus entré, qu'on en refermât la porte sur moi ; mais je me souvins qu'elle avait expressément exigé de rester seule.

Elle était seule en effet — assise sur un fauteuil, la tête appuyée au dossier, les yeux fermés ; le teint plus pâle que de coutume. — Je m'élançai vers elle, elle ne fit pas un mouvement ; — je saisis sa main, elle était froide.

— Je poussai un cri, je tombai à genoux, je pressai cette main de mes deux mains, j'y collai mon visage ; je criai encore, je priai, je pleurai.—Je ne savais pas si c'était un des accès qu'elle m'avait décrits ou si c'était la mort même. — Cela dura un temps impossible à calculer : — une minute, — une éternité. — Je ne criais plus, je ne pleurais plus, je mourais.

Sa main s'était réchauffée sous mon haleine, sous mes larmes, sous mes baisers. Mes doigts crurent y retrouver en s'élevant jusqu'à l'artère le jeu de la vie et du sang ; elle palpita enfin, elle se déroba à mes lèvres, et j'osai reporter mes regards sur Amélie dont les yeux ouverts et fixes étaient attachés sur moi avec un étonnement inquiet.

— Maxime, s'écria-t-elle en jetant ses bras sur mes épaules! Maxime! C'est lui! c'est toi!... c'est bien toi!... Tu m'aimes donc!....

— T'aimer, Amélie ! Oh ! t'aimer, t'adorer, vivre ou mourir de t'aimer, sentir mon âme s'anéantir dans cette pensée. — Mourir là....., Maintenant... maitenant !...

— Bien, bien, dit-elle en passant ses doigts sur ma tête, sur mon cou, en essuyant la sueur de mon front et les pleurs de mes yeux ! — Le voilà donc revenu de l'Oberland ! C'est toi, c'est Maxime ! et je sais qu'il m'aime! Heureuse Amé-

17.

le ! je pouvais mourir un moment trop tôt !...

— Mourir ! ah, tu ne mourras pas ! je te le défends ! j'ai de la vie, j'ai de l'avenir pour nous deux.

Et pendant que je lui parlais, je la regardais plus fixement que je ne l'avais fait jamais. Je m'étonnais de voir ses joues animées de couleurs si vives, et sa prunelle s'épanouir en rayons de feu. Je craignis de m'être trompé sur sa résurrection, et que ce qui me restait d'Amélie, ne fût plus qu'une âme qui achevait de se transfigurer pour le ciel.

— Attends, attends, repris-je ! Calme-toi ! calme ton cœur pour me le conserver ! Pense qu'une émotion trop forte peut mettre en péril ta vie et la mienne, puisqu'elles n'en font plus qu'une ! Pense que je ne résisterais plus à la douleur de te voir comme je t'ai vue tout à l'heure ; que tu as depuis ce temps-là toute ma destinée de plus à sauver !... Calme-toi, mon Amélie ! repose-toi ! Eloigne-moi ! éloigne ma pensée ! Je veillerai tout près !... A un signe parti de ta croisée, au moindre cri, au moindre appel, je serai à tes genoux, et tu te réveilleras encore !

— Mourir ! mourir ! quelle frénésie insensée,

dit-elle ! Amélie mourir ! quelle crainte d'enfant mourir est bon pour la faiblesse et pour le malheur ; mais je ne mourrai point ! Regarde n'es-tu pas là ? ne me touches-tu pas ? ai-je encore la main glacée , les joues pâles ? mon sang se fige-t-il encore dans mes veines ? mon cœur se crispe-t-il encore comme sous la dent d'un serpent ? Il est si joyeux; mon cœur! Il danse , il bondit dans mon sein ! ah ! ce n'est pas ainsi que l'on meurt, ou la mort vaut mieux que la vie! —

Son exaltation m'enivrait et m'effrayait en même temps. Elle s'en aperçut. Elle appuya sa tête sur mon bras; car je m'étais assis auprès d'elle ; et souriant , l'œil plein d'une joie douce et reposée, les mains nouées nonchalamment autour de moi , elle me dit à basse voix :N'aie pas peur !...... ne t'inquiète pas !...... Je suis tranquille ! je suis guérie ! je suis heureuse ! tu me retrouveras heureuse..... — Vois-tu ! je suis la première encore à m'apercevoir que le soleil se couche ; et ce soir , tu ne vas plus à l'Oberland !.... —

Le soleil se couchait en effet, et depuis long-temps le chevalier attendait avec impatience des renseignemens circonstanciés sur la position d'Amélie. C'est que ce jour-là les minutes avaient passé mille fois plus vite qu'à l'ordinaire ; c'est que cet entretien, qui s'écrit en si peu de lignes, était, comme le savent ceux qui ont aimé, inépuisable en détails toujours semblables et toujours nouveaux. Qui dira jamais ce qu'il y a de nuances de la pensée dans le mouvement d'un regard, dans l'accent d'une syllabe, dans la modulation d'un souffle, dans le silence même qui succède plus éloquent encore aux paroles et aux soupirs ! Qui dira combien un mot répété à l'infini pourrait signifier de choses différentes, s'il s'échangeait éternellement entre deux âmes passionnées qui se le renvoient comme un défi fantastique d'en saisir la dernière expression ! qui comprendrait l'incompréhensible moment où deux amans qui viennent de s'avouer qu'ils s'aiment, s'apercevraient qu'ils se le sont dit assez !

Je partis cependant. Il le fallait bien. J'étais tranquille dailleurs. Amélie ne souffrait plus. Elle me l'avait juré ! Quand je fus parvenu au dehors de la vieille partie des bâtiments, et que le circuit de la route m'eut ramené sous sa fenètre, elle y était pour me jeter un signe d'adieu, et pour me suivre des yeux jusqu'au

premier coude du chemin. Alors, elle y était
encore et le signe se renouvela entre nous
deux avec un abandon que l'espace qui nous
séparait rendait innocent comme son cœur et
comme le mien. C'était un baiser peut-être !

Sir Robert n'avait pas ouvert un feuillet,
— que dis-je ! il n'avait pas ouvert un livre
depuis mon départ. Jonathas, immobile, debout
et perpendiculaire, suivant sa coutume, épiait
depuis trois heures sur le front soucieux de son
maître cette velléité de l'édition *princeps*, ou
de l'exemplaire *in membranis*, qui amusait ordinairement sa solitude de distractions si douces. Je sentis que c'était l'inquiétude où je le
laissais depuis trop long-temps sur la santé d'A-
mélie, qui avait absordé toutes les facultés de
cette âme tendre, accoutumé à vivre par les
autres, beaucoup plus que par elle-même ;
— et je regrettai d'avoir été si long-temps
heureux.

— L'état d'Amélie est meilleur, dis-je en
m'appuyant sur le fauteuil du chevalier, et j'espère qu'en peu de jours, il ne nous laissera
plus de craintes.

Les traits de sir Robert se dégagèrent du
nuage qui les couvrait. Sa bouche reprit le

sourire qui lui était habituel, et il me pressa la main : — Alors, reprit-il, tu retourneras demain de bonne heure, et je serais plus tôt rassuré. —

Je ne savais pas positivement si c'était là un reproche, mais je me promis de ne pas m'y exposer davantage.

Quand j'arrivai, Amélie n'était pas seule comme la veille. Son rétablissement avait fait assez de progrès, pour qu'elle pût recevoir ses amies, devant lesquelles elle aurait craint de paraître dans l'état d'anéantissement où je l'avais surprise. Mes visites n'excitaient d'ailleurs aucune défiance dans la maison, et personne ne soupçonnait que j'y fusse attiré par un autre amour que celui du grec. On ne tarda pas à nous laisser.

C'est une étrange position que celle de deux amans qui se retrouvent pour la première fois quelques heures après la première expansion d'un sentiment qui s'est trahi de part et d'autre, et qui a pour la première fois confondu leurs âmes en une seule âme. Il se passe alors quelque chose d'extraordinaire dans l'esprit. Le bonheur qui l'avait préoccupé d'une conviction si profonde et si délicieuse, devient

presque un objet de doute. On se demande
avec effroi si l'on n'a pas rêvé, ou bien si cette
lueur passagère de félicité qui suffirait à toute
la vie, doit se refléter sans altération sur un
seul lendemain; il semble que l'avenir entier a
été dévoré dans une minute de délire. On n'ose
ni se regarder ni se parler, parce qu'on sait
tout ce qu'on perdrait à échanger entre une
émotion présente, refroidie par la réflexion ou
par le caprice, l'émotion brûlante du passé.
Une fois que je fus assuré qu'elle était mieux,
j'aurais voulu n'être pas venu. J'aurais voulu
du moins être sorti avant les étrangers, avant
les indifférens. J'aurais moins redouté d'être
confondu avec eux.

— J'annoncerai donc à sir Robert qu'Amélie
ne souffre plus, dis-je en me levant sans tourner
les yeux sur elle, et en me disposant à partir
sans attendre sa réponse.

— Deux ou trois minutes de méditation ne
m'avaient rien suggéré de plus adroit pour me
soustraire à l'inexplicable embarras de mes pensées et de mon cœur.

— Oui, Maxime, vous pouvez le lui annoncer, en le remerciant de son intérêt et de ses
bontés.

—*Vous pouvez le lui annoncer*, m'écriai-je à ses genoux ! Ah ! parle-moi comme hier, une fois, une fois seulement, ou n'espère pas que je vive assez long-temps pour le revoir et pour te nommer à lui.

Elle remit ses bras autour de mon cou, elle me rapprocha d'elle, elle laissa retomber sa tête près de la mienne, elle couvrit ma tête de ses cheveux, comme la veille.

— Pauvre ami, dit Amélie ! que t'ai-je fait pour douter de moi ? Hier, c'est toujours !....

— J'en étais sûr, repris-je en pleurant de joie, mais j'avais besoin de te l'entendre dire encore !

Depuis ce jour-là nous ne fûmes plus en peine, et nous n'oubliâmes plus de nous tutoyer.

Ces entrevues se renouvelèrent souvent ; elles durèrent quelques semaines, soit que la parfaite guérison d'Amélie me laissât quelques inquiétudes réelles, soit que l'intérêt de ma passion et de mon bonheur m'eussent réduit à la vile nécessité de prolonger celles du chevalier. On va si loin, sans le savoir, une fois qu'on a capitulé avec sa conscience, une fois qu'on a menti !

La fausseté de cette position morale finit cependant par m'inquiéter, au point de troubler mon sommeil, d'empoisonner mes rêveries solitaires, jusqu'alors si douces et si pures. Je me surprenais de temps en temps dans ces promenades, si remplies de la pensée d'Amélie, à me frapper le front avec colère, et à me dire tout haut : Cela n'est pas bien !

Je n'avais eu de mystère pour Amélie que celui-là. Je me décidai à le lui livrer un jour tout entier. Je lui racontai les premières craintes de sir Robert, et le serment que je lui avais fait, et les excellentes raison dont je m'étais avisé pour ne pas le tenir. Elle resta quelque temps à me répondre.

— Mon ami, me dit-elle enfin, nous sommes libres tous les deux, et rien ne peut nous empêcher de nous aimer toujours, car je ne douterai jamais de ton cœur ; mais ne plaçons pas notre bonheur sous les auspices du parjure ! Tiens les engagemens que tu as pris. Dis tout ; dis que tu m'aimes ! Dis surtout que je t'aime et que ma vie dépend de toi ! Un devoir accompli est le premier de tous les biens. L'événement qui nous priverait du bonheur pré-

18

sent, n'est rien au prix de l'avenir que Dieu peut nous donner.

Je disputai comme un enfant, mais je partis résigné à lui obéir. Je me répétais encore en entrant chez sir Robert : Elle le veut ! — C'était une autorité plus puissante pour ma faible raison qu'un serment prêté sur l'Évangile et dont j'avais pris Dieu même à témoin !

Le chevalier m'attendait ; et à mon grand étonnement, le livre sacré était ouvert devant lui comme la première fois. Je ne l'avais pas revu depuis, mais je l'eus bientôt reconnu.

Je tremblai de tous mes membres. Une sueur froide coula de mon front. Je me demandai si je veillais.

— Vous souvient-il de ceci, me dit sir Robert ? quelque chose de pareil s'est déjà trouvé entre nous.

— Pardonnez, dis-je en m'asseyant, car je me soutenais à peine. Un moment, au nom du ciel pour que je n'expire pas devant vous ; mais auparavant, ne croyez-vous pas nécessaire d'éloigner Jonathas ?

— Jonathas ne vous entend pas, Maxime. Il ne sait que ce que son intelligence mécanique lui a enseigné, pas davantage ; et il faut que les affaires de votre âme soient en mauvais ordre , mon malheureux ami , pour que vous redoutiez une conversation française devant un Gallois qui ne sait pas l'anglais.

— Je suis remis , monsieur le chevalier. Je n'ai plus peur. En me rappelant à mon âme , vous m'avez rendu ma sécurité. Vous êtes instruit , mais je peux tout dire. L'aveu que vous allez me demander , je jure que je venais le faire ?

— Et sur quoi jureras-tu cette fois-ci , répondit le chevalier , en laissant tomber sa tête sur le dos de son fauteuil ?

—Arrêtez ; sir Robert ! vous abusez de vos avantages. Vous me condamnez à mort , avant de m'avoir entendu.

—Maxime, je vous écoute !

—Je vous ai promis mon secret ; et le jour où je l'ai appris, ce secret funeste , il était déjà celui d'une autre, le secret de la vie d'Amélie ! Elle vient de me dégager !

— Elle vient de te permettre d'être fidèle à ton serment , sans doute !

Elle vient de me le prescrire. Depuis notre seconde entrevue , je savais qu'elle était dans le cœur catholique romaine.

—Catholique romaine , s'écria sir Robert
éperdu! où as-tu pris ce blasphème, calom-
niateur impie?....

—Dans ses paroles , dans ses aveux, monsieur le chevalier , un jour qu'elle me croyait
protestant.

—Catholique romaine! Apostasie! parjure!
sacrilége! profanation des profanations! La
fille de Jacobus catholique , et il ne s'est pas
levé de son tombeau pour la maudire!

—Il y est descendu en la bénissant. Le père
d'Amélie savait qu'elle était catholique romaine.

Ici la consternation de sir Robert fut à son
comble. Son esprit paraissait égaré dans un
chaos d'idées confuses et de résolutions contradictoires. Ses yeux fixes exprimaient la terreur
d'un homme frappé par une horrible apparition. Il répétait en balbutiant: Catholique romaine, et son père le savait! Apostasie! apostasie et parjure!

—Et quand cela serait aussi vrai que cela est
faux, reprit-il au bout de quelques minutes
d'agitation, mais d'une voix forte et assurée; —
quand elle aurait trahi son Dieu, devais-tu le
trahir aussi? Sont-ce là les enseignemens que

vous recevez de votre église ? Ou si tu ne crois
pas même à la religion que tu attestais, les simples règles de la probité humaine ne t'enga-
geaient-elles pas envers moi? Qui t'avait permis
de tromper la crédulité d'un ami, dupe de sa
folle confiance en tes promesses ; d'un vieillard
qui s'était livré à toi, faut-il que je te le rappelle, avec l'aveugle tendresse d'un père?...

— J'ai eu le malheur de croire que je comprenais mieux les intérêts de votre bonheur même, en vous épargnant une peine irréparable.
Mon erreur est grave sans doute, mais ce motif
l'excuserait, si elle pouvait être excusée.

— Le parjure ne s'excuse point. Il porte toujours son châtiment, et le ciel veuille te l'épargner ! Irréparable, dis-tu ! Il n'y a rien d'irréparable ici que ta fatale passion, peut-être !
Tu m'as dit qu'elle était catholique romaine
dans le cœur. Hélas ! cela n'est que trop possible ! N'es-tu pas catholique romain ? J'ai connu
aussi le cœur de jeunes filles ; et leur foi, c'est
la foi de ce qu'elles aiment, leur religion c'est
leur amour ! Mais elle n'a pas abjuré ! Si elle
avait abjuré, ses ressources n'existeraient plus ;
l'opinion l'aurait repoussée, l'aurait flétrie !
Elle serait obligée d'aller cacher ailleurs l'op-

18.

probre qui s'attache aux renégats ! Le penchant
insensé qui l'entraîne au papisme s'évanouira
aussi vite que l'illusion qui t'a dévoué son âme
pour quelques mois. — Tu te révoltes contre
cette idée, je le conçois, mais l'avenir te con-
firmera mes paroles, car l'affection des femmes
est encore plus passagère que leur croyance,
et une femme qui a délaissé Dieu peut bien oublier un amant. — C'est pourtant à cette courte
jouissance de la vanité, à l'accès de délire d'une
fièvre de jeune homme que tu as sacrifié la
paix de mes vieux jours et l'honneur de tes engagemens ! Justifie-toi, si tu le peux !

— Je crois que je le pourrais, mais je n'en
ai pas besoin. La pureté d'Amélie est sans reproches. Notre amour mutuel n'a été deviné
que par vous. Il ne laissera ni rougeur à son
front ni remords à son cœur, ni tache à sa réputation. Quant à mes obligations, elles sont
intactes et sacrées, comme le jour où je me
suis lié volontairement. Je n'ai que mon bonheur de plus à immoler à mon devoir ; mais
cette considération ne m'arrêtera point. Ma vie
vous appartient, monsieur le chevalier, et vous
pouvez être sûr que je ne vous la disputerai
point.

— Qui te demande ta vie que j'ai plus à cœur que la mienne, répondit le chevalier en me tendant la main ? Suis-je assez fort maintenant pour te retenir sur le bord de l'abîme où je vous ai poussés tous les deux, moi, le plus coupable de nous trois ! Oh ! que la foudre anéantisse tout ce qui reste de Pindare, sans en excepter mon bel exemplaire de l'édition de Calliergi !... Malédiction sur Pindare, sur Calliergi et sur moi !

— Le Pindare de Calliergi, dit Jonathas en se penchant à l'oreille de son maître ?...

— Je n'en ai pas besoin, tendre et obéissant Goliath, répliqua le chevalier qui tournait en même temps un regard affectueux sur le Gallois attentif. — Je n'ai pas besoin du Pindare de Calliergi. Je ne veux jamais le revoir ! — Et cependant il ferait encore le bonheur de mes yeux, si j'avais trouvé dans l'âme d'un fils de mon choix, l'unique objet de mes espérances, la soumission résignée de ton âme de sauvage.

Alors, Jonathas avait compris qu'il ne s'agissait plus du Pindare de Calliergi, et il n'avait compris que cela.

Le chevalier nous regarda tous les deux, et il

se mit à pleurer.—Il pleurait sur moi.— J'étais à ses pieds.

— Mon maître, mon ami, mon père, lui dis-je en sanglotant, disposez de l'obéissance de Maxime, comme de celle de Jonathas ! Ordonnez ! —La journée n'est pas avancée !—J'ai le temps de partir de Berne.

— Et de prendre la route de l'Oberland, dit sir Robert en pressant ma tête de ses mains.

— La route que vous voudrez ! celle qui m'éloignera le plus d'Amélie, celle au terme de laquelle je ne pourrai jamais retrouver ni elle ni vous ! Je la prendrai, s'il le faut, pourvu que vous me conserviez, elle et vous, un souvenir d'estime et d'amitié !...

— As-tu réfléchi au moins à la portée de cette promesse ?

— Elle sera accomplie dans une heure, je ne vous demande que le temps de lui écrire, de lui expliquer en quelques mots la résolution que vous exigez de moi, de lui dire une seule fois encore que mon cœur ne vivra jamais que pour elle ! Je ne lui parlerai pas de mes projets, je ne lui indiquerai pas l'asile que je vais chercher. Je n'ai point de projets, point d'asile. Je ne

sais où je vais. Tout ce que je sais, c'est que
je vais où elle n'est pas, et que j'y vais, parce
que vous l'avez voulu. — Après cela, c'est fini,
et Maxime sera pour vous deux, comme s'il n'a-
vait jamais été.

— Comme s'il n'avait jamais été, interrompit
le chevalier avec exaltation ! — Mon fils, mon
cher fils, mon *Paulo-post* bien aimé ! Comme
s'il n'avait jamais été ! Est-ce donc une âme
insensible au dévouement le plus généreux,
sans compassion pour les erreurs de la sensibilité, sans admiration pour le courage de la
vertu ; est-ce un homme aux entrailles de fer,
que le vieil ami de Maxime ?.... Ah ! condes-
cends toi-même aux inquiétudes mortelles du
pauvre chevalier Grove ; prends pitié de sa ri-
gueur, et tâche, s'il est possible, de ne pas l'accuser ! Oui, mon ami ! j'espère, j'espère encore
que cette abjuration criminelle n'aura pas lieu,
quand son premier, quand son unique motif
aura disparu ! J'espère que ce scandale effrayant,
dans une personne d'une si rare élévation de
caractère et de talent, n'affligera pas le peuple
qui suit la loi de vérité ! J'espère que l'impression de ce déplorable amour qui vous perdrait l'un et l'autre, s'effacera en quelque

temps, quand vous serez séparés ! Je ne compte
pas sur l'impossible pour vous guérir, je
compte sur ce qu'il y a de plus essentiel dans
notre nature, de plus inévitable dans notre
destinée, sur l'instabilité de deux cœurs d'enfant qui ont cru s'aimer, parce que le hasard
et l'étourderie d'un vieux fou les ont rappro-
chés par malheur. Je compte sur ce besoin
insatiable d'amour dont tu te croyais affranchi
à jamais, quand tu voulus te faire moine, et
qui te tourmentera peut-être encore sous des
cheveux blancs. Il ne manque pas de belles
filles papistes qui aimeront mon Maxime,
et qui seront fières d'en être aimées. — Et s'il
en arrivait autrement !... si la fatalité de ma
vie m'avait fait tomber sur une de ces passions de roman qui résistent à l'épreuve de
l'absence et du temps, nous verrions alors !
Et tu sais, si tu ne m'as pas mal jugé, que tu
trouverais dans mon sein un port assuré contre le désespoir. — Va-t'en donc, si tu en as le
courage ; mais ne t'en va pas comme l'ami ou-
blieux qui veut qu'on l'oublie. Ecris-moi....
tous les jours, et ne va pas loin ! —

Pendant que le chevalier répétait tout cela
sous dix formes différentes, mais plus bien-

veillantes et plus expansives les unes que les autres, je laissais tomber sur le papier mes tristes adieux à Amélie.

— Voilà cette lettre, dis-je en la lui présentant tout ouverte, — et maintenant, je suis prêt. —

Il la ferma sans la lire.

Quelques dispositions nécessaires m'appelaient un moment dans ma chambre. A mon retour, je trouvai sir Robert plongé dans le plus profond abattement. Je pris sa main pour la porter à mes lèvres, mais il m'attira dans ses bras. — Et moi aussi, dis-il, moi dont le cœur s'est toujours amolli aux souffrances des autres, je fais preuve de courage! d'un courage, hélas, sans compensation et sans espérance! Tout mon avenir, à moi, c'étaient les jours, le peu de jours que j'avais encore à t'aimer présent et heureux, et à me croire aimé de toi! Qui m'aimera demain?

J'avais été calme jusqu'alors comme un homme ferme qui entend prononcer sa sentence; mais je commençais à céder sous le poids de sa propre douleur. Je l'embrassai et je m'enfuis. Je parcourus Berne sans rien voir. J'en sortis avec l'impression confuse et horrible de l'infortuné qui se précipite dans un abîme obscur, et qui n'a pas même reconnu du regard l'endroit où il va se briser. Au bout de trois heures de marche sans but, j'arrivai je ne sais où, dans un village dont je n'ai jamais pu retenir le nom. J'étais sûr seulement de n'avoir pas suivi la route de l'Oberland.

Je marchai quelques jours, m'arrêtant partout, ne me fixant nulle part, du canton de Berne au Val d'Orbe. Ces sites romantiques et solitaires convenaient à l'état de mon âme. J'aurais voulu ne pas les quitter. J'y pensais couché sur le roc, par une belle après-midi de la fin de l'automne, quand des explosions d'armes à feu, répétées à peu de distance, me tirèrent de ma rêverie : je supposai qu'il y avait là des chasseurs. Un instant après, des balles répondirent à mes côtés. Je me levai Je portai les yeux autour de moi. Je m'étais reposé sous une cible. Voilà ce que la société a fait des magnificences de la nature.

Si j'avais été tué ainsi cependant, je mourais si pur et si heureux, je mourais dans la contemplation de Dieu et de ses ouvrages, dans cette pensée d'Amélie qui se mêlait à toutes mes pensées, qui était la source de tout ce

qu'elles avaient de noble, de touchant et de
passionné! Ma vie était si complète! Le bonheur de choisir, de marquer l'instant et le
genre de la mort serait trop achevé pour notre
misérable destination de la terre. Il n'y a que
le suicide d'heureux; il n'y a que lui qui puisse
disposer de ses jours à heure fixe, et je n'y songeais plus, au suicide. — Les suicides n'entre-
ront pas dans le paradis d'Amélie.

Il était tard quand j'arrivai à Yverdon, dans
cette auberge qui est la première à droite du
côté du pays de Vaux; Yverdon, ville douce
et paisible, mais dont la position, les aspects,
les harmonies pittoresques, les calmes et sérieuses beautés, sont frappés de je ne sais
quelle fatalité de mélancolie qui saisit le cœur.
Le lendemain, j'avais devancé le lever du soleil sur les bords de son lac, noir encore, immobile et sans bruit, parce que l'atmosphère
humide et reposée comme lui n'était pas agitée du moindre vent. Je m'assis, j'attendis, j'é-
piai, je suivis du regard, à travers l'horizon qui
s'élargissait peu à peu, les progrès du jour naissant. Il survint un instant où les brumes balan-
cées par un mouvement qui leur était propre
commencèrent à blanchir, à relâcher leur ré-

19

seau pénétré de rayons pâles , à s'éparpiller en
folles toisons , à se rouler plus vagues et plus
légères à la pointe des promontoires , à se pe-
lotonner au loin sur les eaux comme des bancs
d'écume , à s'écheveler à la cime des arbres à-
demi défeuillés ; comme ces brins de soie flot-
tans , qu'un souffle égare dans l'air. La lumière croissait de toutes parts : le lac bleuit.
Je distinguai à sa surface l'entrelacement de
ses rides frémissantes , mais trop peu émues
pour être sonores. On aurait entendu d'une
lieue le sursaut d'un poisson réveillé par la tié-
deur de l'air matinal , ou le battement périodi-
que d'une rame. Et alors , Granson dessina sur
la côte opposée la blanche silhouette de ses maisons en amphithéâtre , et des clôtures inégales
de ses vergers. Ce spectacle triste et pacifique
à la fois convenait à l'état de mon cœur ; il sou-
lageait ses perplexités en le pénétrant d'une
langueur pleine de charme. J'aimais déjà Yverdon comme on aime une longue impression de
regret et de douleur , qui s'est identifiée avec
la vie , et je ne savais pas encore pourquoi.

Le sentiment inexplicable que je venais d'é-
prouver se fortifiait à chaque pas que je faisais
dans une promenade unique au monde qui me

ramenait à la ville, par des allées d'arbres im-
menses, dont la pompe magnifique et solitaire
imposerait aux cœurs les plus vulgaires un sublime recueillement. J'y pensais à l'Élysée de
Dante, à cette grave et rêveuse immortalité
des enfans morts sans baptême, et des sages
morts sans révélation. Un doute amer et profond m'avertissait depuis long-temps que l'é-
ternité ne me réservait pas d'autres joies et
d'autres récompenses. Il y a des âmes longuement prédestinées à souffrir, pour qui le seul
souvenir de la vie empoisonnerait à jamais la
félicité des élus. Je pleurai, mais je ne pleurai
pas sans douceur, et je compris que cet avenir
sans fin était assez bon pour moi. Je m'arrêtai
avec une angoisse de tristesse et de volupté
qu'on ne saurait définir, à l'endroit le plus
sauvage, sur une pelouse épaisse et profonde
qui ne paraissait pas avoir été foulée. Je la son-
dai d'un regard prévoyant et altéré de repos;
je lui demandai un refuge, et une de ces convictions lucides qui s'emparent on ne sait comment de la pensée, m'annonça tout à coup que
je l'y trouverais. J'en suis cependant bien loin
aujourd'hui!

Je passai le reste de la matinée à rouler sur

cette place un gros bloc de pierre blanche , et à le regarder avec l'extase d'un marinier démâté par la tempête , qui voit enfin le moment de s'échouer sur un joli rivage , garni d'ombrages , de fleurs et de fruits. — Dieu soit loué , dis-je , voilà qui est bien ! — Je ne sortirai plus d'Yverdon.

— J'arrangeai là toute ma vie entre quelques études sédentaires dont mon séjour chez sir Robert m'avait fait contracter l'habitude , et ces promenades pensives que la chute du jour terminait toujours trop tôt. Le bruit des feuilles sèches que le vent tiède encore d'un bel automne chasse dans l'air par volées , ou qui roulent en criant sous le pied , est si agréable à un cœur qui souffre! — Pour moi aussi , disais-je , l'automne est venu faner toutes ces fleurs de la vie qui ne devaient m'apparaître que dans une courte matinée de printemps; moi aussi, je vais tomber sur la terre comme ces feuilles desséchées que fait pleuvoir de leur tige une bise matinale. Adieu , mes rêves de bonheur ! adieu mes espérances d'amour ! adieu les hochets brisés de l'imagination ! adieu, Amélie et l'avenir ! Tomber où le premier orage me poussera , tomber et finir ! c'est la destinée de toutes choses.

— Et j'embrassais avec résignation cette nécessité de l'existence , parce que tout m'annonçait que la nature entière y était soumise. Qui aurait pu me distraire de cette pensée, dans l'abandon déjà semblable à la mort où mon âme était
descendue ? — Une fois, une seule fois, j'entendis bruire à mes côtés une créature vivante ,
si l'état de cet être misérable peut s'appeler
encore la vie. — Je m'arrêtai. C'était une vieille
femme , horriblement décrépite , qui s'était
accroupie sur le sol pour y chercher entre les
herbes fauves quelques petits fragmens de bois
sec que la dernière tempête avait rompus aux
branches , et qui les amassait précieusement
devant elle dans un vieux pan de haillons ra-
piécé de lambeaux de toutes les couleurs. Avec
quel soin elle fouillait à travers les touffes
mortes , pour en arracher ces débris morts , de
ses doigts presque morts qui se resserraient
machinalement sur eux ! Avec quelle volupté
elle semblait les entendre cliqueter dans sa
guenille , et quel étrange regard de satisfaction
elle plongeait de temps en temps dans son trésor, quand elle l'avait accru d'une pauvre poi-
gnée !

19.

—Que cherchez-vous là , ma bonne mère , lui dis-je en m'efforçant de me pencher jusqu'à elle ?

— Oh ! oh ! monsieur , répondit-elle , en redressant autant qu'elle le pouvait son échine courbée en cerceau pour me regarder de plus près , je ne fais tort à personne. C'est ma petite provision de bois pour l'hiver.

— Tenez, repris-je , brave femme , ceci vous servira pour autre chose; et je glissai une pièce d'or dans sa main.

Elle la regarda d'un air étonné , et la laissa tomber dans son tablier avec le bois qu'elle tenait. Elle n'en avait pas perdu un morceau.

C'est un singulier mystère que l'affection qui nous retient à la vie. Elle comptait encore sur un hiver !

J'avais écrit au chevalier. Notre correspondance se suivait avec une régularité si active qu'elle me tenait presque lieu de la douceur de nos entretiens. Quelques semaines à peine écoulées, Amélie était allée le voir, et il me le disait. Elle voulut m'écrire une fois , et il le permit. Je lui répondis , et il lui rendit ma réponse. Je n'ai pas besoin de dire ce que nous

nous promettions l'un à l'autre. On s'en doute bien.

Enfin, il arriva une lettre de sir Robert, qui m'apprit qu'Amélie était malade, plus sérieusement malade qu'elle ne l'avait été jusqu'alors. Il me défendait de partir au nom d'Amélie, en son nom à lui, il me suppliait de rester. C'étaient ses expressions. Il avait réfléchi sur notre position à tous deux, sur la nature des convictions d'Amélie, sur l'impossibilité d'en triompher, quoi qu'il arrivât de nos relations et de nos sentimens. Il disait qu'il n'avait en vue que notre bonheur, et je n'en doutais pas. Il ajoutait que le seul obstacle qui pouvait s'y opposer ne viendrait pas de lui. Je le croyais; sir Robert était un si excellent homme !

Et cependant, jamais la lettre d'un ami n'a pénétré l'âme d'un ami, d'un plus cruel désespoir. Cet obstacle qu'il redoutait, je craignais de le deviner. J'avais beau me répéter que cette maladie n'était rien, que la science n'y avait vu qu'un accident léger et sans conséquence ; que l'amour même, si crédule à ses inquiétudes, s'était accoutumé à n'y pas voir autre chose ; que l'obstacle dont il parlait provenait plus probalement des parens d'Amélie.

Cette réticence me confondait, me faisait mourir. J'allais sonner pour demander des chevaux, quand un petit billet tombé de cette lettre déjà trois fois relue, vint changer ma résolution. Il était de la main d'Amélie, et ne contenait que quatre mots : « Ne viens pas ! j'irai ! »

Trois jours passèrent sur cette anxiété, sans que je m'arrêtasse à former un projet, sans que je parvinsse à démêler une idée. Je n'en avais que deux pourtant, deux idées obstinées qui s'étaient emparées de moi avec une égale puissance, et qui subjuguaient tour-à-tour toutes les forces de mon cœur.

— Un obstacle qui ne viendrait pas de lui. — Un obstacle étranger à la volonté d'Amélie, et qui nous séparerait pour jamais ! Oh ! qui me dira cet obstacle !.. — Infortuné, tu le demandes ! Malheur à toi !

— Et bientôt, mon agitation se calmait. — Amélie, reprenais-je, elle a dit qu'elle viendrait. Je la verrai, nous serons ensemble, et nous n'aurons plus rien à craindre alors ! Cependant, j'osais accuser la Providence !

— Un soir enfin — c'était le 25 novembre 1806 — j'étais assis sur cette pierre d'attente

qui marquait ma fosse. Il était tombé un peu de
neige. Il faisait froid dans l'air, et mes veines
roulaient du feu. Mille pensées confuses af-
fluaient dans mon esprit comme les chimères
des rêves ; mille voix contradictoires, écho tumultueux et discordant de mes terreurs et de
mes espérances, hurlaient autour de moi d'in-
saisissables paroles ; mes yeux ne voyaient pas;
mes oreilles bruissaient. — Tout à coup je sentis un papier s'introduire dans ma main ; je le
reçus, je le froissai, je l'ouvris sans regarder
qui me l'avait donné ; j'avais reconnu l'écriture
du chevalier, il restait assez de jour pour me
permettre de lire. Je n'essaierai pas d'exprimer
dans leur ordre les émotions qui m'assaillirent
pendant que je lisais. Je copie !

« Amélie veut partir et j'y consens. Un homme
» dont le dévouement m'est connu l'accompa-
» gne auprès de toi; l'irrégularité de cette dé-
» marche a son excuse dans l'opinion que je me
» suis formée d'Amélie et de toi. Je t'en im-
» pose la responsabilité devant ta conscience
» et devant le ciel.

» J'ai pensé qu'elle aurait moins de scan-
» dale et de danger que l'abjuration publique
» d'Amélie dans une ville où elle est née et sous

» les yeux de sa famille. Je n'aurais pu moi-
» même en être le témoin, et j'espère de ta
» tendresse qu'elle m'épargnera cette douleur,
» en prenant l'avance pour la cérémonie, sur
» le moment qui doit nous réunir. Mariez-vous
» sans moi, puisque tu es autorisé par tes pa-
» rens. Les papiers d'Amélie sont en bon état,
» et je me suis chargé de régler ici tous ses
» intérêts.

» Je n'ai pu la revoir, j'ose croire encore
» que l'amour et le bonheur la guériront, s'il
» y a quelque chose de réel dans l'amour et dans
» le bonheur. Le Dieu qui lui a permis d'abju-
» rer peut permettre beaucoup.

» Voilà les dernières paroles rigoureuses que
» vous entendrez de moi. N'y pense plus.

» Pense à moi. Ma vie est en vous et avec
» vous, et puisque le Seigneur l'a voulu, je me
» soumettrai à la finir au milieu d'une colonie
» de papistes qui respecteront ma foi.

» Toute ma fortune est transportée depuis
» quinze jours entre les mains de M. Frédéric
» H... d'Yverdon ; vous en disposerez. J'ai be-
» soin de ne plus m'occuper de rien que de
» mes éditions. Je ne me réserve d'autorité que
» pour la direction des travaux. En tout le

» reste, il me convient de vivre comme votre
» enfant.

» Cherche-nous une retraite où tu voudras ,
» car il ne faut pas songer à Berne. Achète une
» petite maison en bon état , avec une petite
» terre en plein rapport , comme l'eût aimée
» notre Horace , mais ne t'éloigne d'Yverdon
» dans tes informations à ce sujet , que pour te
» rapprocher d'ici. Tu sais que mon infirmité
» ne me permet pas un long voyage , et je n'au-
» rais jamais pensé à le tenter si vous n'étiez
» au bout.

» Tout ira bien si j'arrive ; en attendant, fais
» ce que tu jugeras à propos, comme s'il était
» sûr que j'arriverai.

Le chevalier GROVE.

» P. S. Assure-toi d'un emplacement com-
» mode pour mes livres, et d'un logement bien
» séant pour le digne Jonathas. »

Je me levai. Je cherchai l'émissaire , il n'y
était plus ; à peine vis-je une grande figure
disparaître au loin à travers les grands arbres
des allées voisines.

Ma situation était bien changée. Cinq minutes auparavant, mon cœur était brisé entre deux

impressions extrêmes qui s'excluaient mutuel-
lement, l'espérance de voir bientôt Amélie
comme j'en avais la promesse ; et la crainte d'en
être à jamais éloigné par cet obstacle inconnu
dont je frémissais d'approfondir le mystère. Un
pareil état de perplexité n'est pas le malheur
absolu, mais il vient tout de suite après. Il
n'accable pas l'âme, il la mine sourde-
ment ; il use ses ressources avec lenteur,
il l'affaiblit pour la tuer. C'est le réseau cap-
tieux de l'araignée, c'est la salive empoi-
sonnée que la vipère distille sur sa proie vivante. — Un vaisseau chassé du port à l'écueil
et de l'écueil au port, à la merci du vent qui
le pousse et de la lame qui le renvoie, chaque
fois, plus près de l'endroit où il doit périr,
c'est à se coucher sur le pont et à jouer sa vie
aux dés contre la destinée, sans songer à la
défendre. — J'en étais là.

Maintenant, tout prenait un autre aspect. —
Il ne l'avait pas vue ; mais il ne me disait qu'un
mot de cette maladie passagère, et c'était pour
m'en faire pressentir la guérison. Il comptait
sur l'amour, il comptait sur le bonheur ; l'obstacle n'existait donc plus, puisque l'amour et
le bonheur pouvaient en triompher. De l'amour

et du bonheur, nous en avions pour notre vie ;
Et cet avenir, ce n'était plus un prestige de
mon imagination, puisqu'il y fondait lui-même, dans le calme et dans le repos de sa raison,
de si prochaines espérances! que dis-je? c'était
déjà le présent! — Était-il assez beau, assez
complet de joies pures, d'inépuisables voluptés! On n'aurait jamais osé en souhaiter un pareil pour soi. — On l'aurait tout au plus inventé
pour un frère! — L'indépendance assurée, le
travail favori qui la paie largement en se jouant
dans ses plaisirs, l'amitié sans laquelle il n'y a
point de félicité achevée, et l'amour qui comble tout, l'amour d'Amélie qui surpassait tous
les amours!... — Je ne me possédais pas ; je ne
me sentais pas d'enthousiasme et de ravissement. Je ne marchais pas, je volais. J'appelais
Amélie tout haut, comme si elle avait dû se trouver à ma rencontre, et que j'eusse ambitionné
le prix d'une tendre émulation d'impatience
en me faisant reconnaître d'elle avant d'en être
aperçu. Et j'allais encore comme cela dans la
ville, écartant doucement du bras deux ou trois
passans étonnés, pour ne pas perdre de temps
en alongeant mon chemin d'un pas inutile ; et
tout ce que j'entrevoyais me paraissait elle ; un

20

chapeau de femme, un voile flottant, une robe
déployée qui blanchissait au premier reflet des
étoiles; et quand je ne voyais plus rien, je m'arrêtais essoufflé pour m'assurer que je ne l'avais
pas entendue. C'est ainsi que j'arrivai. Je faillis
renverser Henriette. — Henriette, une bonne
fille, intelligente, zélée, affectueuse, qui était
chargée des petits soins de la maison, et qui allu-
mait en ce moment-là le réverbère de l'escalier. —

— M'a-t-on demandé, Henriette ?

— On a demandé deux fois Monsieur.

— Où est-elle ?

— Un jeune homme bien triste et bien défait,
qui est sorti pour vous chercher, et qui cou-
chera au numéro 9.

— Qu'il cherche, qu'il se couche, ou qu'il
s'en aille, — qu'importe ?

— Et puis; une jeune dame bien malade.

— Bien malade, Henriette, cela n'est pas
vrai! Où allez-vous prendre tout ce que vous dites ? — Et qu'attendez-vous de monter ?

— Une jeune dame qui paraît malade, et qui
a un domestique muet, plus haut que Monsieur
de toute la tête! La jeune dame a demandé la
chambre voisine de celle de Monsieur, et comme
elle ne pouvait plus se soutenir, je crois qu'elle

y dort tout habillée sur ce grand fauteuil à
ressorts où Monsieur a dit quelquefois qu'il voudrait mourir. — Lorsque je lui ai répété cela :
Très-bien , très-bien , ma chère amie , m'a-t-
elle dit avec un charmant sourire , je ne veux
pas d'autre lit.

— Qu'aviez-vous donc à m'arrêter avec tout
ce verbiage de jeune homme triste et défait,
dont vous êtes préoccupée comme une jeune
fille ? Venez-vous m'ouvrir enfin ?

— Ah , monsieur ! répondit-elle en montant
et en m'éclairant de sa lampe , j'avais commencé par lui , parce qu'il m'a dit que vous
n'auriez jamais plus grand besoin de le voir ,
et que la manière dont il l'a dit m'a fait peur.

— Vous avez peur de tout , extravagante que
vous êtes ! Vous disiez tout à l'heure que cette
dame était bien malade , et si elle était malade
à ce point , elle n'aurait pas pu entreprendre
le voyage de Berne à Yverdon. —

Hésiterez-vous long-temps à ouvrir cette
porte ? Je ne vous ai jamais vue aussi gauche ! —

— C'est que si cette jeune dame n'était pas
bien portante en effet , et qu'un moment de
sommeil fût nécessaire à réparer ses fatigues,

dit Henriette en hasardant la clef dans la serrure, et en me regardant d'un air inquiet... —

— Arrêtez, Henriette, arrêtez. — Pardonnez-moi, — C'est moi qui ai tort! — Gardez-vous bien d'ouvrir; attendez qu'elle sonne, chère Henriette, et quand elle aura sonné, dites-lui que je suis revenu.

— J'attendrai à la porte, dit Henriette, un peu rassurée sur mes emportemens. — Pauvre fille! —

Au même instant Amélie sonna.

Elle était à demi-couchée sur le fauteuil pliant. Elle me tendait les bras, je courus à elle. Je baisais son front, ses yeux, ses mains. Je ne parlais pas. J'avais été surpris d'un saisissement soudain qui m'ôtait presque jusqu'à la force de sentir. Amélie était changée d'une manière incompréhensible. Ce n'était plus que son âme. La lampe d'Henriette me la montrait comme je l'avais vue une fois, quand elle me reconduisait sous les arceaux rompus de la vieille galerie, à la porte qui donne sur la route de l'Oberland. Je me rappelai en tressaillant cette cruelle vision. Je restai quelque temps muet et immobile. —

— Des flambeaux, Henriette, des flambeaux,

m'écriai-je ! éclairez cette chambre lugubre
dont les ténèbres attristent le front de mon
Amélie. C'est ma sœur, Henriette ! c'est ma
bien aimée, celle qui est tout pour moi ! C'est
Amélie, mon Amélie, qui sera demain ma
femme, et que vous aurez pour maîtresse, pour
protectrice, pour mère, si vous voulez ne pas
nous quitter !.... —

Les lumières arrivèrent enfin. Amélie n'avait
pas détourné de moi ses regards. Ils étaient
pleins encore d'amour et de vie, mais sa pâ-
leur ne s'était pas dissipée. —

— Cela est bon, dit Amélie. Je t'ai revu.
Cette main que je touche, c'est ta main. Cette
voix que j'entends, c'est ta voix. Maintenant
j'existe et je veille. Tous les objets sont dis-
tincts autour de moi, et si je les discerne mal,
c'est que tu es là, et que toute la puissance
de mes facultés est occupée à t'entendre, à te
toucher, à te voir. — Je n'en peux plus douter, continua-t-elle avec expansion, je suis
près de toi; je craignais tant de ne pas venir
jusqu'ici, de ne jamais dire : je suis près de
toi ! — Cela est bon, cela est fini. Je suis bien.
Que me fallait-il davantage ? — Où est ton
cœur? donne.... approche..... reste..... —Oh !

je le sens qui bat! — Tu ne me quitteras pas!
tu ne t'en iras plus !..., ni à l'Oberland, ni ailleurs?... Reste encore! c'est ainsi que je veux
mourir.

— Non, mon Amélie, je ne te quitterai jamais! Aujourd'hui c'est toujours, comme tu
le disais! Sois tranquille à présent. Ne te fais
point de chagrins. Il n'y en a plus de possibles
entre nous deux. Laisse-là ces idées de mort.
C'est de mariage et de bonheur qu'il s'agit.
Crois-moi! une nuit paisible que doit suivre
un jour sans nuages te rendra la force et le
santé.

— Une nuit paisible que doit suivre un jour
sans nuages. — C'est toi qui l'as dit. — Tu as
raison. — Une longue nuit peut-être, mais que
fait sa durée? T'avoir vu, te revoir, dormir
ou mourir sur cette pensée, c'est égal. — Une
nuit paisible, Maxime, une nuit heureuse! je
rêverai.

— Oui, rêve, lui dis-je en effectant de prendre le change, rêve au doux avenir qui nous
est promis. Tu connais les intentions du chevalier.

— A peu près. Je connais le chevalier, et
ce que je n'ai pas encore appris de la bonté

de son cœur, je le devine. Sais-tu, continua-t-elle d'un ton mystérieux, que je ne l'ai pas vu à mon départ, et sais-tu pourquoi? C'est qu'il me semble que s'il m'avait vue — comme je suis, — il ne m'aurait plus permis de venir. —

Elle me déchirait. Je me détournais à tout moment pour lui cacher mon trouble, pour étouffer un soupir, pour dévorer une larme.

— Tu es distrait, reprenait-elle. Tu regardes où je ne suis pas. Ce n'est pas bien. Qu'as-tu à regarder qui ne soit pas moi? J'ai peur que tu me trouves moins belle, car j'étais belle puisque tu le disais. Henriette m'a demandé tantôt, après m'avoir aidée à me coucher, si je ne voulais pa faire un peu de toilette. C'est que madame, a-t-elle ajouté, à quelque chose de singulier dans la figure, je ne sais quoi de terreux. — J'ai ri — de la terre, tu comprends bien? Je pensais que ce n'était guère la peine de l'ôter.

— Hélas! c'est que je souffre de te voir souffrir, et de t'entendre parler ainsi! je me flattais de te trouver mieux que tu ne crois être.

— Oh! je suis mille fois mieux que tu ne

pourrais le croire toi-même ! Depuis que je
respire, il n'y a pas un instant où le sentiment de l'existence m'ait paru plus agréable à
goûter. Enfant qui crains que je ne sois mal,
quand je n'échangerais par une de mes minutes contre des siècles de délices ! — Ton premier aveu, Maxime, ou le mien, car je ne me
rappelle plus qui de nous a commencé, — ce
fut une extase enivrante, une volupté suprême
sans doute ! mais qu'elle était loin de valoir
ceci ! — Entre le bonheur de ce jour-là, et celui que j'éprouve maintenant, il y a une différence qu'on ne paierait pas trop cher de sa
vie ! — Cependant, qui le dirait ? La misère de
notre cœur est si grande qu'il manque une
chose, mais une seule chose à mon contente-
ment, — et tu vas t'en effrayer encore.

— Parle, Amélie, parle, au nom du ciel.

— Écoute, continua-t-elle à basse voix,
parce qu'Henriette ne s'était pas éloignée, —
écoute, je n'ai pas abjuré ! pas abjuré, entends-
tu ? et le ciel que tu viens de prendre à témoin,
le ciel, Maxime, il est encore tout entier entre
Amélie et toi... — Jamais il ne nous réunirait,
si demain... — Je ne veux pas te dire cela. —
Va me chercher un prêtre ce soir !

— Le ciel est dans ton cœur, ange de foi,
d'innocence et de vertu! si le ciel te répudiait,
il faudrait renoncer au ciel!... D'ailleurs, ce
soin peut se remettre, et une émotion aussi
grave, aussi imposante, serait peut-être dan-
gereuse dans l'état d'accablement ou la fatigue
t'a réduite...

— Ne blasphême plus, répondit-elle en imposant son doigt sur ses lèvres; et va chercher
un prêtre, pour que j'en obtienne le droit de
demander ta grâce à notre juge. — Et puis,
l'abjuration ne doit-elle pas précéder notre
mariage, et ce soin peut-il aussi se remettre?
L'impatience que tu attribues à un pressenti-
ment qui t'inquiète, pourquoi ne l'as-tu pas
attribuée à l'amour? N'as-tu pas dit toi-même
que je serais demain ta femme, ou l'as-tu si
vite oublié?... — Ah! j'ai tort. — Va chercher
un prêtre, va!... — Je te promets après cela
de ne plus t'affliger de toute ma vie... qu'une
fois.

Je laissai Henriette auprès d'Amélie, et je
sortis presque au hasard. J'avais donné des ordres pour qu'on appelât un médecin, mais un
prêtre romain me paraissait fort difficile à trouver à Yverdon.

La première personne qui se présenta sur mon passage était le jeune homme qui m'avait demandé dans la journée. Je poussai un cri et je tombai dans ses bras. C'était Ferdinand.

J'ai parlé autrefois de Ferdinand, mon ami d'enfance, mon camarade de collége, mon frère d'affection ; de Ferdinand dont la maison devint ma maison, dont la famille devint ma famille, à une époque où j'étais tourmenté d'autres douleurs. J'ai cherché alors à décrire sa douce retraite, son intérieur plein de charmes, son bonheur si parfait de calme et de sécurité. Il n'en était plus ainsi. Tout cela n'existait plus. Sa femme était morte. Une maladie contagieuse lui avait enlevé ses deux enfans dans le même mois. Il était resté seul de tout ce qui composait son heureuse vie. Il avait eu la force de survivre à tout : il était chrétien. Depuis il avait disposé de sa fortune, pour une moitié en faveur de ses parens les moins opulens ; pour la moitié du reste, au profit des pauvres de son village. Ce qu'il conservait, il le destinait à une œuvre de bienfaisance et de piété. Il avait embrassé les ordres. Il se consacrait au saint ministère des missions étrangères. Cette vocation exigeait des connaissances variées qu'il s'était empressé d'acquérir. Il revenait en ce temps-là d'un voyage en Allemagne et en Italie, où il avait passé près d'un an à se perfectionner dans l'étude de la médecine, si utile à l'apôtre de la foi qui porte à des peuples sans lumières le bienfait de la vérité. Il était sur le point de se diriger vers le port d'où il devait quitter l'Europe, quand l'envie de me dire un dernier adieu l'avait conduit à Berne.

Je savais tous ces détails. Ses lettres m'en avaient instruit. Je m'étais attendu à cette entrevue mêlée de tant d'amertume. Je l'avais désirée. — Je l'avais oubliée. — Je n'y songeais plus.

A Berne, Ferdinand s'était informé de moi. Il avait vu sir Robert. Il s'était entretenu avec les médecins d'Amélie. On l'avait instruit de son départ assez à temps, pour qu'il pût la devancer de quelques heures. C'était pour cela qu'il me cherchait. Nous eûmes peu de paroles à échanger. Il ne lui restait rien à apprendre; pas même mon trouble, mes angoisses, mon désespoir. — Il s'y attendait.

— Prêtre et médecin, m'écriai-je en l'embrassant! c'est la Providence qui t'envoie!

— C'est mon devoir qui m'amène, répondit-il. — Mais avant de voir Amélie, j'ai besoin de m'assurer tout-à-fait de l'état de ton cœur. Es-tu bien certain d'en avoir fixé enfin la perpétuelle mobilité ? — Ton parti est-il pris ? — Crois-tu fermement dans ton amour ?

— Ah ! si tu l'avais vue, si tu la connaissais, tu ne me demanderais pas !

— J'interroge ta conscience. Je ne dispute pas. Je ne contredis rien. Ta conviction sera la mienne. — Ainsi tu persistes à croire que les déterminations dont tu as fait part à sir Robert....

— Sont inviolables !

— J'y souscris. Encore une question. Sais-tu qu'il n'y a d'inaltérable et d'éternel dans les affections de l'homme, que ce qu'il en a placé hors de cette vie passagère ? Sais-tu que les joies de la terre n'ont qu'un temps, et que la félicité la mieux affermie en apparence, est souvent la moins durable ? Sais-tu que la plus essentielle des vertus de notre nature, c'est la résignation aux volontés de Dieu ?

— Si je ne l'avais su d'avance, malheureux ami, ton exemple ne m'aurait pas permis d'en douter !

— Assez, assez, reprit-il d'une voix austère.
L'église m'a donné tous les pouvoirs dont vous
avez besoin ; — conduis-moi près de cette jeune
fille.

— Amélie n'attendait pas si tôt mon retour.
Je lui avais souvent parlé de Ferdinand. Elle
n'ignorait rien de ses vertus, de ses infortunes,
de ses résolutions, du double ministère auquel
il s'était voué. Son nom, sa vue, ses paroles, rap-
pelèrent à son front une lueur d'espérance. Et
moi aussi, je pensai que le ciel commençait un
miracle. Quelle âme tendre n'en a pas attendu
pour ce qu'elle aime ?

Je les laissai seuls. — Une demi-heure après
la porte se rouvrit.

Ferdinand me regardait avec une tristesse
calme qui ne m'effraya point. Ce devait être
l'expression habituelle de sa physionomie.

Celle d'Amélie rayonnait d'une satisfaction
pure et reposée qui avait quelque chose de céleste.

— Baise la main de ta fiancée, me dit Ferdinand, et laisse-lui prendre le repos dont
elle a besoin. Henriette veillera auprès d'elle.
Je vais lui donner les instructions nécessaires. Demain, nous nous reverrons ensem-

ble. Je te ferai appeler de bonne heure.
— La main d'Amélie me parut moins froide,
sa respiration plus égale, son teint plus animé;
elle sourit en me disant : — à demain.

Ferdinand me quitta sur le seuil de ma chambre. — Sois homme, murmura-t-il à mon oreille
en me pressant contre son cœur. La vie est courte ; mais l'éternité est infinie ! — et il disparut.

Quelle nuit que celle-là ! Je n'étais séparé
d'Amélie que par une légère cloison, et le moindre bruit qui se faisait chez elle ne pouvait
échapper à mon attention inquiète. Alors je
m'arrêtais dans ma marche précipitée, mais
mystérieuse. — J'étais à pieds nus. — Je suspendais ma respiration, j'écoutais, je tremblais
d'entendre une plainte ou un cri. Je tremblais
surtout de ne rien entendre. Quand le silence
avait été long, il me semblait qu'Henriette s'é-
tait endormie, et qu'Amélie, souffrant sans être
secourue, avait perdu la force de l'appeler.
J'aurais voulu dans ces momens-là être encore
assuré de sa vie au prix d'un gémissement. —
Quelquefois, j'étais frappé d'une voix, et je
restais en suspens. — Quelquefois j'en distin-
guais deux, et puis plus rien, et j'étais quelque
temps plus tranquille. — Souvent j'ouvrais dou-

cement ma porte. A celle d'Amélie, j'entendais
mieux. Les trous de la serrure et les joints mal
unis des panneaux me laissaient apercevoir un
peu de lumière. Quand la lumière se mouvait,
je sentais un frisson mortel parcourir tous mes
membres. Quand elle avait repris sa place, je
respirais. — Henriette veille avec soin, disais-
je, et Amélie dort. Il n'y a point de danger. —
Je rentrais chez moi, je m'asseyais, et la tête
appuyée sur mes mains, je restais plongé dans
une rêverie vague assez semblable au sommeil,
jusqu'à ce qu'un nouveau bruit vînt me rendre
ma terreur ou mon anxiété. Que je me serais
trouvé heureux si j'avais pu passer ces heures
interminables, la main appliquée sur son cœur,
ou l'oreille attachée à son souffle ! que le jour
me parut long à venir ! avec quelle impatience
je cherchais les premières clartés du ciel ! je
n'avais pas trois fois parcouru la longueur de
ma chambre que je revenais me coller à ma
croisée pour savoir si l'orient ne blanchissait
pas. Le soleil se leva enfin. Je crus que le danger était passé, qu'Amélie était sauvée. Je me
trouvai plus calme, plus heureux, que je ne
l'avais été depuis son arrivée. Je m'aperçus que
j'avais froid.

Un instant après, je reconnus le pas de Ferdinand. Il frappa faiblement. Il entra chez Amélie. Henriette se retira. Elle me dit qu'Amélie avait eu quelques étouffemens, quelques évanouissemens de peu de durée; mais qu'elle ne semblait pas plus mal que la veille. Je vins me mettre à genoux à sa porte. Il se passa ainsi plus d'une heure et demie, mais je priais avec confiance, j'étais presque tranquille.

Ferdinand me trouva dans cette position. Il me releva et m'embrassa. Je remarquai qu'il était un peu plus ému, mais cette impression fut si rapide que je pensai m'être trompé.

— Amélie est entrée dans la voie du salut, me dit-il, ses devoirs sont remplis. Il te reste à remplir les tiens.

J'allais répondre, il m'arrêta d'un signe, et il continua.

— Ne m'allègue pas des sentimens auxquels je ne puis compatir, tant que les sacremens du Seigneur ne les ont pas légitimés. Ce n'est pas la foi de l'amant que je réclame. C'est celle du chrétien. La tendresse que te porte cette âme d'ange deviendrait à mes yeux un motif de condamnation contre elle, si tu n'étais résolu à la sanctifier par le mariage. La démarche

qui l'a conduite dans tes bras est un crime qui
pèse sur sa tête, et qui retomberait sur la
tienne dans le cas où tu hésiterais à le réparer ;
c'est à titre de devoir que je t'impose l'obligation dans l'accomplissement de laquelle tu ne
vois que du bonheur. — Maxime, prenez-vous
Amélie pour épouse ?

— Oui, m'écriai-je d'une voix étouffée de
sanglots ! Oui, mon père !

Il m'introduisit dans la chambre d'Amélie.
Les volets étaient restés fermés ; quatre bougies
brûlaient auprès d'elle, sur une table placée à
côté du fauteuil pliant qu'elle n'avait pas quitté,
parce que Ferdinand avait jugé comme médecin qu'elle y serait mieux que partout ailleurs. Tous les préparatifs de la cérémonie
étaient faits.

Mon premier mouvement fut de me précipiter vers Amélie. Ferdinand me retint.

Je m'arrêtai alors à la regarder. — Elle était
tournée vers moi, et elle me souriait comme
elle avait fait, en me disant : à demain. — Son
teint présentait quelque chose d'extraordinaire
que je n'avais jamais remarqué. Il passait avec
une étrange rapidité de la plus effrayante pâ-
leur au rouge le plus vif, et puis il redevenait

21.

plus pâle qu'auparavant; et cette alternative qui faisait courir sur sa figure je ne sais quelle expression d'effort et de douleur, répondait presque aux battemens de mon cœur. Je la pris pour une illusion de mes propres organes, fatigués par la veille et par les larmes. Ses yeux avaient aussi quelque chose de vague et d'indécis que j'attribuai à la même cause. Je pensai d'ailleurs qu'elle pouvait être éblouie par l'éclat des flambeaux qui nous séparaient, et à travers lequel ses regards cherchaient à percer.

— Détourne ta vue de ces lumières, lui dis-je, elles doivent te faire mal, car elles troublent la mienne, et m'empêchent de te voir.

— Moi aussi, répondit-elle, mais elle ne changea pas de position.

En ce moment-là, Ferdinand vint me chercher à ma place, et il me conduisit auprès d'elle. Il prit ma main et la plaça dans celle d'Amélie.

Les prières continuèrent.

Il s'interrompit pour me demander si j'avais un anneau. On concevra que cette idée ne me fût pas venue.

— Tiens celui-là, reprit-il, et passe-le

dans son doigt. — Il venait de le tirer du sein.

— Prends, prends, continua-t-il. C'est celui d'Adèle. — Je frissonnai.

Il nous donna ensuite sa bénédiction, s'agenouilla près de moi, se releva et m'aida à me relever. Je m'appuyai sur lui pour me soutenir.

— Suis-je sa femme? est-il à moi? son nom m'appartient-il, dit Amélie?

— Les formalités qui manquent à votre union dépendent des hommes, répliqua Ferdinand. Elle est sainte et indissoluble devant Dieu.

Amélie poussa un cri de joie.

Je m'élançai vers elle. Ferdinand m'entraîna jusqu'à la porte; il m'enveloppa de son manteau, et pressant ma tête contre son sein de manière à étouffer ma réponse, il appliqua sa bouche à mon oreille, et me dit à basse voix:

— Maintenant, souviens-toi de ta promesse! élève ton âme à Dieu qui t'a donné ce que tu aimes, et qui ne te l'a donné que pour un moment dans cette vie de misère. — L'anévrisme touche à son dernier période. — Va recevoir le dernier soupir de ta femme, en homme digne de la retrouver.

Après cela, il sortit.

Je me rapprochai d'Amélie en chancelant. Je m'assis, je saisis ses deux mains, je me rapprochai d'elle autant que je le pouvais sans la forcer à se mouvoir, je glissai un de mes bras sous ses épaules nues ; elle palpita comme si elle avait eu peur.

— Ne crains rien, Amélie ! tu es ma sœur, tu es ma femme.

— Je sais bien, répondit-elle en roulant mes cheveux autour de ses doigts. — C'est que je ne te vois pas, je ne sais pas pourquoi je ne te vois pas. Pourquoi ces lumières n'y sont-elles plus ? — Mais tu es là, toi, rien que toi ! Oh ! je suis heureuse ! — Attends, couche ta tête ici, tout près de moi. — Je suis ta femme ! il n'y a point de mal, n'est-ce pas ? — Viens plus près encore, que je sente ton souffle sur ma joue ! — Heureuse ! Heureuse ! je n'imaginais pas qu'on pût être aussi heureuse !

Elle releva un peu son cou sur mon bras qui l'appuyait, et pencha sa tête sur la mienne, et nos lèvres s'unirent pour la première fois.

— Ah ! mon Diou, s'écria-t-elle !

— Ma raison s'était anéantie dans ce baiser. Tout ce que je me rappelle, c'est qu'elle cessa de me le rendre... et je fus quelque temps à

en comprendre la raison. — Mes sens m'aban-
donnèrent ; je tombai ; je ne conservai de mon
existence que la sensation d'un tumulte confus
de pas et de voix, et de l'étreinte vigoureuse de
deux bras de fer qui se croisaient sur ma poitrine pour m'emporter.

Quand je revins à moi, j'étais dans la chambre
de Ferdinand.

Je jetai les yeux de tous côtés, je vis Jonathas. — Ferdinand, debout en face de moi, me
regardait fixement sans parler.

— Et Amélie! Amélie! où est-elle?

— Au ciel, répondit Ferdinand.

❋

Lucrèce et Jeannette.

*

La baronne Eugénie de M.... n'est plus jeune, comme on le verra plus apertement par la suite de cette histoire ; mais ceux qui ont le bonheur de la connaître savent qu'elle a conservé toute la fraîcheur d'esprit, toute la vivacité d'imagination qui la distinguaient autrefois entre les jolies, et qui la faisaient préférer aux belles. C'est encore plaisir pour elle que d'entendre narrer de tendres aventures, et c'est à son intention seulement, il faut bien le dire, que j'avais recueilli ces tristes souvenirs de ma

jeunesse, meilleurs à oublier qu'à écrire. Je ne
sais rien lui refuser. C'est une habitude que j'ai
conservée avec les femmes, vieux que je suis,
et même quand elles sont vieilles.

Un soir de cet automne que nous étions tête
à tête au coin du feu, car, à Paris, il faut se
chauffer en automne, la conversation vint à
languir, parce que mon portefeuille était épuisé;
et puis, parce qu'à notre âge la conversation
languit nécessairement quelquefois. Elle se
tournait impatiemment dans son fauteuil, elle
tisonnait avec dépit, elle toussait de cette toux
nerveuse qui signifie intelligiblement qu'on
s'ennuie; et moi, je la regardais d'un œil cons-
terné, comme pour lui dire que je n'avais rien à
lui dire.

— Savez-vous, Maxime, dit-elle tout à coup,
que vos amours sont ce que j'ai entendu de plus
lamentable en ma vie, et que je ne m'étonne
plus, d'après ce que j'en sais aujourd'hui, de
cette humeur morose et chagrine à laquelle je
vous vois enclin depuis tant d'années? C'est
comme une fatalité que ces passions-là, et il y
a de quoi attacher au sommeil de l'homme le
mieux portant tous les démons du cauchemar.
La première de vos maîtresses n'aime en vous

qu'un enfant aimable ; elle est mariée et meurt.
La seconde vous aime un peu, je suppose, mais
pas assez pour vous sacrifier ses préjugés. Elle
se marie et meurt. La troisième vous aime éper-
dûment et vous épouse, mais en vous épousant
elle meurt. L'abbé Prévôt, qu'on lisait tant dans
ma jeunesse, et qui n'avait pas, en vérité, l'ima
gination badine, n'a jamais inventé un héros de
roman plus malencontreux.

— Que voulez-vous, Baronne ? Vous m'avez
demandé l'histoire de ma vie, et moi, je n'in-
vente pas.

— Je vous crois et je vous plains ; mais, s'il
me souvient de si loin, et si j'en crois votre réputation et vos propres discours, car vous étiez
passablement avantageux, l'amour n'a pas toujours été si rigoureux pour vous. Le sentiment
est une loterie à laquelle vous avez joué trop
souvent pour ne pas rencontrer quelques chances heureuses, et vous ne me montrez que des
billets perdans !

— Il est vrai, Baronne, dis-je en saisissant
sa main avec l'expression la plus passionnée
dont je fusse capable, il est vrai qu'une fois
l'amour.....

— Laissons cela , reprit-elle avec une sorte
                                              22

de colère ! Il est probable que vous n'avez rien à m'apprendre sur ce sujet ! mais pourquoi ne m'égayez-vous jamais de quelqu'une de ces anecdotes qui réveillent des idées gracieuses, et qui ne donnent au moins ni spasmes ni mauvais rêves ?

— Je puis vous l'avouer, répondis-je en riant.

— C'est que l'amour n'a jamais oublié de me rendre très-amoureux, qu'il ne m'ait rendu souverainement ridicule.

— Eh bien ! voyez le grand mal ! je m'amuserai à vos dépens.

— Je le veux bien. Ceci ne doit pas aller plus loin, et personne ne nous écoute.

— Ajoutez à cela que vous devez commencer à mettre ordre à vos prétentions, si vous ne voulez pas être souverainement ridicule encore une fois !

— La première fois, dis-je, après avoir un moment réfléchi...

— La première fois que vous fûtes amoureux, ou que vous fûtes ridicule ?

— L'un et l'autre, si vous voulez. La première fois, c'était une certaine Alexandrine, blonde, un peu langoureuse, mais svelte, élancée, faite à ravir, et charmante, sur ma parole, qui avait la fureur des enlèvemens.

— Je vous vois d'ici enlever la blonde Alexandrine.

— Et le plus heureux des mortels jusqu'au premier relai. Nous descendîmes pour cueillir des fleurs pendant qu'on changeait de chevaux. Ce n'était pas tout que des fleurs. Il fallait un ruban pour les attacher. A mon retour, plus d'Alexandrine. Elle s'était trompée de voiture, et courait les champs avec un Anglais qui l'attendait depuis deux jours.

— C'était justemnt l'année de la paix. Je me rappelle cette histoire comme si elle était d'hier.

— Une jolie brune daigna me consoler, et j'avouerai qu'elle y mit du courage, car il n'y a rien de mortel à l'amour comme un ridicule bien avéré. J'aimai Justine comme le méritait un procédé si généreux. Je me serais fait tuer pour elle, et il ne s'en fallut guère. Un jeune capitaine de hussards, beau comme Adonis, taillé comme Hercule, et avec lequel je vivais dans la plus parfaite intimité, s'étant permis de la lorgner un jour au spectacle d'un air familier qui me déplut, je le provoquai brutalement en duel. Son régiment partant le lendemain au point du jour pour une autre garnison, la partie ne souffrait point de remise. Il me donna rendez-vous pour minuit dans une petite avenue sous les fenêtres de ma reine. Un pareil stimulant était de trop pour mon courage, mais j'accédai à la proposition de mon adversaire sans lui demander compte de son caprice. Nous fûmes exacts, et nous mettions flamberge au vent, quand une averse épouvantable nous força à nous jeter sous une porte cochère qui se trouvait ouverte par hasard. Nous n'en continuâmes pas moins à ferrailler, mais nous croisions nos armes en aveugles, et au bout de quelques passes qui lui avaient donné l'avantage du terrain, la pointe de l'épée du capitaine me coupa la lèvre supérieure et m'enfonça une dent.

— Je me souviens qu'à mon gré cette balafre vous allait en perfection.

— Je me trouve heureux de l'avoir reçue à ce prix, mais ce ne fut pas ce qui m'occupa pour le moment. Je me hâtai de bander ma plaie avec ma cravate, et de courir au domicile du chirurgien le plus voisin pour m'y soumettre à un appareil mieux entendu. Quelle fut ma surprise, en passant sous la croisée de Justine, de m'entendre apostropher par une voix qui me souhaitait la bonne nuit et un prompt rétablissement !

— Vous dûtes savoir gré à votre maîtresse d'une attention si délicate ?

— Ce n'était, parbleu, pas elle qui parlait, madame ! c'était le hussard !

— Infortuné Maxime ! cette brune-là valait bien la blonde, vraiment !

— Quand j'y réfléchis, ma chère Baronne, je pense qu'elles se valent toutes. Enfin, en 1803...

— Ah ! vous allez y revenir ! passons sur 1803, au nom du ciel !

— Je le voudrais de toute mon âme, Eugénie, puisque vous le désirez ; mais les compositions les plus frivoles ont des règles impérieuses qui forcent la volonté d'un pauvre auteur, et je ne veux pas laisser de lacune dans mes mémoires.

— Alors, je la remplirai. Je vous trompai, mon ami, et je vous trompai pour un sot. C'était un mauvais procédé, mais rappelez-vous que nous courions tous les deux notre vingt-unième année ; vous, tendre, exalté, véhément, fanatique de toutes vos illusions ; moi,

22.

veuve depuis un an, indiscrète, évaporée, sans
expérience, joyeuse d'être libre, avec une tête
parfaitement vide, et un cœur plus vide que
ma tête. Je puis faire les honneurs de cet âge-
là. J'étais une autre. Quand vous me dites que
vous m'aimiez, je vous en dis autant, parce
qu'il fallait absolument vous aimer, si on n'était
décidée à vous haïr à la mort, et je ne m'étais
pas trouvé tant de résolution. Un quart d'heure
après, j'aurais donné un empire pour avoir à
recommencer. Je ne voulais qu'indépendance
et repos, et vous ne viviez un peu à l'aise que
dans la région des tempêtes. Vos sermens
étaient des blasphèmes, vos joies des frénésies,
vos jalousies des convulsions. Songez cependant
que les passions romantiques n'étaient pas encore inventées, qu'il n'en était pas plus question dans les *Contes moraux* qu'à l'Opéra-Co-
mique, et peignez-vous mon état quand je
contemplai de sang-froid la terrible destinée
que vous m'aviez faite! Je me réveillai trem-
blante d'effroi sous le poignard de Maxime,
comme Damoclès sous le glaive du tyran. Je ne
savais où me sauver de mon bonheur quand le
sot dont il est question se présenta, si laid, si nul,
si maussade, si insolemment suffisant, si profon-

dément absurde, qu'on n'aurait pas autrement
choisi entre cent mille pour vous venger en
vous trahissant, et j'aurais pris alors cent mille
fois pis, si cela eût été possible, pour me soustraire aux épouvantemens de votre amour. Un
sot, au moins, cela vit en apparence comme un
autre homme; cela parle, agit, existe à la manière de tout le monde, ou à peu près. Cela
ennuie souvent, mais cela ne s'en aperçoit jamais. Cela ne préoccupe ni l'âme ni l'esprit. Cela
n'est ni incommode, ni imposant. Cela est sot,
et voilà tout. Vous ne sauriez croire, Maxime,
combien les sots sont merveilleusement ima-
ginés pour faire des amans aux coquettes! —
Eh! bien, ai-je pourvu à cette lacune de façon à vous satisfaire? Qui vous arrête maintenant?

— Rien, madame! je reprends haleine de
mon admiration, et je rentre dans mon récit à
l'endroit où vous venez de le laisser. — Je n'é-
tais pas de caractère à me désister facilement
de mes droits, et je dois à ce compte vous avoir
inspiré de cruelles inquiétudes, puisque vous
ne trouvâtes moyen de vous dérober entièrement à ce que vous daignez appeler les épouvantemens de mon amour qu'en mettant la

France entre vous et moi. Vous prîtes le parti
de vous retirer dans vos terres de Touraine.
Tout mon bonheur disparut avec vous. Votre
absence fit d'un pays que je chérissais la plus
triste des solitudes , et je me décidai d'autant
plus volontiers à le quitter aussi , qu'après trois
mésaventures aussi criantes , il n'y avait pas , à
vingt lieues à la ronde, enfant de bonne maison
qui ne se moquât de moi.

— Si vous n'étiez encore plus aimable et plus
galant que sincère , vous vous en seriez tenu à
cette dernière raison. Elle pouvait vous dispenser de l'autre.

— Je conviens qu'elle eût une bonne part
dans ma résolution. Arrivé à Paris , je m'avisai
pour la première fois de mettre un certain ordre dans ma conduite ; et pour ne pas laisser
d'équivoque sur l'ordre dont j'étais capable , je
vous expliquerai en deux mots ce que j'entendais par-là ; c'était tout simplement une méthode de désordre, une inconduite systémati-
que., un plan réglé d'irrégularité , une bonne
manière de mal vivre. Comme l'amour était ma
principale, pour ne pas dire ma seule affaire ,
ce fut sur son terrain que je transportai toute
ma philosophie. « Si les malheurs forment la

» jeunesse, me dis-je à moi-même, vous voilà,
» mon cher Maxime, assez formé pour votre
» âge. Depuis votre brillant avénement dans le
» monde, vous avez aimé trois femmes, et vous
» avez été trois fois dupe. C'est une espèce
» d'avertissement providentiel qui vous est
» donné de renoncer au sentiment. Puisque la
» destinée des cœurs tendres et confians est
» d'être toujours trompés, la science d'être
» heureux consiste à ne pas se laisser prendre
» au dépourvu. Les engagemens sincères et les
» passions éternelles sont du monde d'Astrée
» et de Céladon; il n'y a que les enfans qui l'i-
» gnorent, et vous avez maintenant de bonnes
» raisons pour n'en pas douter. Que reste-t-il
» à craindre de la perfidie d'une maîtresse,
» quand on sait d'avance à quoi s'en tenir sur
» sa bonne foi? La plus inconstante est la meil-
» leure pour qui a vérifié que la plus constante
» ne l'est guère. Traitez donc désormais les af-
» faires de cœur avec l'insouciance qu'elles
» méritent, et prenez l'amour comme il est fait,
» si vous ne pouvez vous en passer. On n'en
» fera pas un autre pour vous. »

— J'admire à mon tour, mon ami, combien
vous vous étiez perfectionné depuis notre rup-

ture. Vous voilà tout-à-fait revenu de vos extravagances romanesques. Vous parlez principes !

— Ces idées ne me seraient peut-être pas venues d'elles-mêmes, et la reconnaissance me fait un devoir d'avouer que mon éducation vous doit beaucoup. — Bien convaincu, comme j'ai eu l'honneur de vous le dire, que le moyen le plus sûr de n'être trompé nulle part, c'était de s'attendre à l'être partout, je ne m'occupai qu'à trouver un digne théâtre à mes expéditions galantes, et ce fut au théâtre même que je m'arrêtai. Ce n'est pas là d'habitude qu'on va chercher les fidélités exemplaires et contracter les liens indissolubles de l'école des Amadis. L'intrigue y est légère, le nœud fragile, les péripéties multipliées, et il n'y a pas une scène dans les amours de ce pays-là qui ne coure au dénouement, suivant les règles de l'art. C'était précisément mon affaire. Je m'arrangeais volontiers en perspective d'un commerce où je serais presque aussitôt trahi qu'aimé. Il est aussi amusant qu'un autre, quand il amuse, et il fait perdre moins de temps. J'avais d'ailleurs une sorte de vocation prédestinée pour ce genre de sentiment, et je

tenais cela de la nature ou de mon père. Mon
cœur avait battu dès l'enfance dans ma poitrine d'écolier aux roulades d'une virtuose et
aux pirouettes d'une bayadère. Il y a un charme
incomparable dans la possession d'une beauté
à mille noms qui prend toutes les figures, qui
revêt et embellit tous les costumes, qui parle
tous les langages et interprète toutes les passions, qui change elle-même tous les soirs de
passions, de langage et de génie, comme elle
change de toilette. En province surtout, où les
attributions du comédien sont ordinairement
plus étendues, c'est quelque chose de divin.
Vous pouvez dans le même tête-à-tête, à la fin
d'un joli souper, vous attendrir jusqu'aux larmes avec Aménaïde, bouder avec Hermione, co-
quetter avec Célimène, ou fondre votre cœur
en langueurs pastorales avec une des bergères
musquées de Favart et de Marmontel. Si la perfide Eulalie vous a donné hier quelqu'un de
ces motifs de misanthropie qui chiffonnent les
esprits mal faits, vous aurez bien de la peine
à résister demain aux preuves de l'innocence
de Zaïr. Ajoutez à cela les triomphes de la vanité, si flatteurs, si enivrans pour l'homme
qui est aimé, ou pour celui qui croit l'être, ce

qui est absolument la même chose, tant qu'on le croit, et vous conviendrez sans difficultés que l'amant d'une actrice à la mode est un de ces êtres privilégiés, pour qui la vie n'est qu'un long enchaînement de béatitudes et d'apothéoses !

— Grâce au ciel, vous êtes pour cette fois dans la voie du bonheur parfait, et si quelque démon ne s'en mêle, nous n'aurons plus à parler que de vos triomphes. Je crains comme vous qu'ils ne soient pas durables, mais ils seront nombreux, et vous vous sauverez sur la quantité.

— Je m'en flattais. A dire vrai, l'économie de mon plan de campagne ne laissait presque rien à désirer; j'avais combiné tous mes mouvemens, choisi toutes mes positions, marqué d'un regard prévoyant mes campemens, mes retranchemens et mes forteresses. J'aurais dressé d'avance la carte de mes conquêtes, et je me voyais déjà suivi d'ovation en ovation par un long cortége de captives.

— César, je vous salue. Je vous attends avec impatience à la rédaction de vos *Commentaires !*

— C'est là malheureusement que le triomphateur s'embarrasse. Je n'eus pas mis un pied

sur le terrain de l'ennemi que je m'aperçus
qu'il m'était impossible d'y mettre l'autre avant
de savoir sa langue, et c'est une étude qui aurait déconcerté Pic de la Mirandole. Je croyais
posséder assez bien mon Marivaux, mon Cré-
billon fils et mes *Bijoux indiscrets ;* mais cet
idiome sacré n'était ni plus ni moins tombé en
oubli que les hiéroglyphes. Je m'avisai de retourner au sentiment que je regardais encore
comme le trucheman universel des négocia-
tions amoureuses ; mais au premier mot qui
m'échappa dans ce style, on me rit au nez en
grand chœur, et toutes mes sylphides s'envo-
lèrent. — J'étais près de renoncer à mes magnifiques ambitions, et de descendre aux gri-
settes, peuple naïf, heureux et fidèle aux
bonnes traditions antiques, chez lequel ce
langage délicat est resté vulgaire, sous les fa-
vorables auspices du roman, quand un événement imprévu vint me rendre les chances de
ma fortune. — Vous n'avez probablement jamais su, madame, qu'il eût existé, rue Saint-
Martin, nᵒ 48, une succursale de Thalie,
placée sous l'invocation de Molière ?

— Je suis du moins bien certaine de n'avoir
jamais eu de loge dans ce quartier-là.

23

— Aussi n'y allait-on pas , Baronne , pour
regarder aux loges , ce qui serait indubitable-
ment arrivé si vous aviez fréquenté le théâtre.
On y allait pour voir une actrice enchante-
resse , aux traits mignons et gracieux , à la
physionomie idéale , à la tournure souple et
aérienne , au son de voix frais et pur , aux intentions fines , spirituelles et mordantes. Elle
souriait , et tous les cœurs volaient à son sourire ; elle laissait échapper, entre des cils d'or,
un regard , ou plutôt un rayon de feu , et l'incendie gagnait partout. Elle parlait enfin , et le
plus sage perdait la tête. Quand je vous dirai
que je subis le sort du plus sage, vous me croi-
rez volontiers sur parole. C'était le diamant de
la petite comédie , la perle du pays marchand ,
la Mars de l'arrondissement , et de ses fau-
bourgs. C'était la Jenny Vertpré du consulat !

— C'était ce qu'on voit tous les ans , la divinité de la vogue , et il ne me manque plus que
son nom.

— Je vous le dirai , madame , en meilleur
style que le mien ; car je ne saurais em-
ployer un des tours pompeux et grandioses
de M. de Chateaubriand dans une occasion
plus solennelle. Cette prodigieuse souveraine

des esprits et des âmes , s'appelait Lucrèce.

— Miséricorde ! qui a jamais entendu parler d'une comédienne qui s'appelât Lucrèce ?

— Ce n'est pas là cependant le plus extraordinaire.—Le plus extraordinaire, et madame de Sévigné ne se ferait pas faute en pareil cas d'une page de synonymes , c'est qu'elle soutenait la responsabilité de son terrible nom avec une résignation philosophique dont il n'y avait jamais eu d'exemple au théâtre de le rue St.-Martin, et peut-être dans quelques autres. On lui connaissait mille adorateurs, et on ne citait pas un heureux.

—Je vous arrête sur le fait , et en flagrant délit de menterie. Vous promettez des histoires réelles , et, du premier élan, vous tombez dans le fantastique. On penserait , à vous entendre , que la nature a tenu partout quelque phénomène en réserve , pour fournir un texte à vos hyperboles. Que dira le critique ingénieux et malin qui suspend sur toutes vos périodes son point d'interrogation défiant et ricaneur ? Croyez-vous que ce terrible douteur, qui hésite à croire que vous ayez eu douze ans une fois en votre vie , que le hasard vous ait donné pour maître d'école un capucin de Cologne ;

et que la foule vous ait poussé, un jour où vous n'aviez rien de mieux à faire sur une place de Strasbourg, dans laquelle il ne se trouvait guère que douze ou quinze mille personnes, vous passe légèrement une Lucrèce de coulisses? Oh ! c'est un chapitre sur lequel vous ne nous en ferez pas accroire ! Nous souffrons les invraisemblances des historiens, mais nous sommes intraitables avec les conteurs.

— Le critique en pensera ce qu'il voudra, ma chère Baronne; c'est son affaire de critiquer; mais je suis avec votre permission beaucoup plus au fait de mes aventures que lui-même, quoiqu'il sache presque tout. Je me flatte au reste qu'il rabattra quelque chose de son rigorisme judaïque, et puisque je lui ai permis de donner à dîner à l'abbé d'Olivet chez Marion Delorme, cinquante ans jour pour jour avant la naissance de ce digne académicien, il aurait mauvaise grâce à me contester une vertu presque anonyme au théâtre de la rue Saint-Martin. Remarquez d'ailleurs, s'il vous plaît, que je n'ai pas dit jusqu'ici que j'eusse mis du premier abord l'enchantement à fin, rien qu'en soulevant ma visère, comme un paladin du roi Artus. Il en arriva même tout

autrement, et Lucrèce ne me reçut pas mieux
que la Lucrèce de Rome n'avait reçu Tarquin,
quoique la mienne n'eût point de Collatinus.
—Les difficultés, et surtout celles de cette nature, enflamment, comme vous savez, un généreux courage. Mon amour avait bien des raisons de se mettre en frais d'empressement et
d'obstination. Le théâtre de Molière venait de
fermer par ordre supérieur, ou à défaut de re-
cettes, malgré l'attrait que Lucrèce prêtait à
son répertoire. Lucrèce allait disparaître, et
mes parens me rappelaient à tous les courriers
pour me faire terminer une sotte affaire en
province. Ils s'étaient décidés à me marier, et,
après les éclatantes digrâces de mes trois premières intrigues, je vous demande quelle bonne
figure de mari j'aurais faite ! C'est précisément
comme un homme qui embrasserait le parti
de la guerre, avant d'avoir tiré vengeance d'un
affront public. Il me fallait une réparation !

— De quoi vont se mêler les familles ! vos parens choisissaient bien leur moment !

— Ils n'en font jamais d'autres. — Je m'étais
couché vers le matin, suivant mon habitude,
moins heureux que le poète Villon qui n'avait
qu'un souci. J'en portais deux en croupe, et

23.

des plus noirs qu'on puisse imaginer, une
femme dont je ne voulais guère, et une maîtresse qui ne me voulait pas.

— Dites-moi en passant quel était le souci
du poète Villon ?

— Celui de savoir, madame, ce que deve-
naient les vieilles lunes, et il le préoccupait
tellement qu'il en oublia le jour où il devait
être pendu. — Je venais de me réveiller dans
le paroxisme de l'amour qui est, comme l'a
très-bien observé Fontenelle, le plus matinal
de nos sentimens, quand mon domestique
m'apporta une lettre dont le timbre me fit
craindre de nouvelles sommations paternelles.
Jugez de ma surprise et de mon plaisir quand
je m'aperçus qu'elle venait du directeur d'une
troupe de comédiens qui exploitait ma province, et qu'il n'y était question que de Lucrèce. La clôture d'un théâtre de Paris lui fournissait l'occasion de se recruter de quelque
sujet précieux, capable de faire fureur dans une
petite ville, et mon goût connu pour le spectacle lui avait fait supposer que je pourrais lui
servir d'intermédiaire auprès de la magicienne
qui avait tourné pendant six mois tant d'excellentes cervelles. C'était Lucrèce qu'appe-

laient tous les vœux d'un peuple idolâtre du
talent et de la beauté. C'était sur moi qu'on se
reposait des soins de cette heureuse ambassade!
O folles joies de la jeunesse ! Mon premier prix
de rhétorique m'avait moins enorgueilli. On
m'aurait annoncé la couronne du Tasse au
Capitole, ou l'amaranthe aux Jeux floraux, sans
me distraire de mon ravissement. Cependant
j'avais concouru.

Je ne vous laisserai pas à deviner la première
pensée qui m'occupa. Vous ne vous en aviseriez
jamais. « Ma foi, dis-je en m'habillant à la hâte,
» je ne sais pas pourquoi je ne me marierais
» pas. Une bonne dot en écus sonnans n'est
» pas à dédaigner dans l'état de délabrement
» où la bouillotte a mis mes affaires, et la
» plupart des moralistes disent d'ailleurs qu'il
» n'y a rien de si doux que l'union de deux
» âmes bien assorties. Je renoncerai , comme
» la raison l'exige , aux plaisirs tumultueux
» d'une vie dissipée , mais l'éclat que ceci ne
» peut manquer de produire suffit de reste à
» l'ambition d'un jeune homme favorablement
» traité des femmes , et qui n'a pas mal em-
» ployé ses belles années. Lucrèce aura du
» chagrin , sans doute , il le faut bien ! Elle

» en aura beaucoup ! Je m'arrangerai même
» pour qu'elle fasse manquer deux fois le
» spectacle par indisposition , mais elle se
» consolera, j'en suis sûr, car il n'y en a pas
» une qui ne se console. Le principal , c'est
» qu'elle ne se console pas avant la cérémonie.
» Cela nuirait à l'effet. Je me marierai tout en
» arrivant. »

— Prenez garde , Maxime. Je comprends à
merveille que le succès de cette combinaison aurait sauvé les intérêts de votre vanité ;
mais vous ne m'aviez pas dit encore que vos
affaires fussent aussi avancées auprès de Lucrèce ?

— Vous comptez donc pour rien le chemin qu'elles viennent de faire ! avez-vous lu
l'OEdipe de Ballanche ? N'avez-vous jamais vu
celui d'Ingres ? c'est tout un. Eh bien , madame, l'énigme était devinée ! J'avais pénétré
le Sphynx. Elle m'était connue , la phrase talis-
manique; elles m'appartenaient, les paroles
fées qui devaient dissoudre le charme ! Un
engagement superbe et une place dans ma
chaise de poste ! Il n'y a point de Lucrèce qui
résiste à cela !

— O fatalité de nos débiles vertus ! Cette

rigoureuse héroïne, si habile à jouer tous les rôles, ne peut soutenir jusqu'au bout celui de la chaste Romaine dont elle portait le nom !

— Elle le soutint de son mieux, Baronne, à deux légères circonstances près, la résistance et le suicide.

— J'entends ; et j'assiste en imagination aux pompes de votre arrivée triomphale !

— Vous allez trop vite. Nous voyagions fort lentement. Lucrèce avait toutes les qualités que vous pourriez désirer dans la figure fantastique d'une amoureuse de roman. Elle idolâtrait les beautés de la nature, et ne trouvait jamais trop long le temps passé à les contempler. Nous nous arrêtâmes à Brie-Comte-Robert.

— Les beautés de la nature à Brie-Comte-Robert ! Où l'enthousiasme va-t-il se nicher ?

— Nous ne faisions que partir, et il faut l'avoir éprouvé pour savoir combien la nature a de charmes pendant vingt-quatre heures, quand on voyage avec sa maîtresse. A Nangis, nouvelle station. Cette allée solitaire de vieux arbres, qui circule autour de ses fossés, ferait envie aux jardins d'Armide. Et puis le clair de lune a quelque chose de si suave et de si velouté, à

Nangis! Si on peignait un jour ce clair de lune, comme je l'ai senti, comme je l'ai goûté, quand ses rayons d'un pâle azur pleuvaient à travers le feuillage naissant sur les plis de son voile, l'enveloppaient de leur clarté limpide, et me découvraient en elle mille beautés que je n'avais pas encore aperçues, je vous proteste qu'on ne voudrait plus de Claude Lorrain. Il faudrait plaindre le cœur insensible qui ne palpite pas d'une tendre émotion, à la vue de ces plaines délicieuses de Nogent que la Seine embrasse d'une ceinture argentée, sur laquelle tous les astres du ciel sèment des feux étincelans. Tout cela n'est jamais si ravissant que lorsqu'on est deux à le voir ! — Quant aux promenades poétiques de la moderne Troye, elles sont presque aussi classiques dans la mémoire des voyageurs que les bosquets des rives du Simoïs, où il n'est pas suffisamment démontré qu'il y eût des bosquets.

—Muse, suspends ton vol ! je ne croyais pas au train dont nous marchions, que nous aurions le bonheur de gagner si tôt le département de l'Aube ! Votre Pégase doit avoir besoin de s'y reposer !

—Vos pressentimens ne vous ont que trop

bien avertie. Nous étions à Troyes le quator-
zième jour, et le temps commençait à nous presser autant que vous, mais il n'y eut pas moyen
d'en partir. Lucrèce était tourmentée d'une fièvre ardente, et le médecin que je fus obligé de
mander, reconnut d'un coup d'œil qu'elle était
hors d'état de continuer le voyage. La pauvre
fille avait la petite-vérole.

— Vous me faites trembler, Maxime. Votre
démon vous emporte, et nous marchons tout
droit à un dénouement tragique!

— Rassurez-vous, madame, nous marchons
tout droit à un dénouement assez bouffon. Je
n'ai pas besoin de vous dire que je ne l'a-
bandonnai pas pendant le danger; mais mes
affaires m'appelaient, mes parens se mouraient
d'inquiétude, et les intérêts de Lucrèce eux-
mêmes exigeaient que j'allasse expliquer son
retard. Le médecin ne m'avait laissé aucune inquiétude sur les suites de cet accident, et j'a-
vais payé ses soins en raison du succès qu'il me
faisait espérer. J'arrivai donc seul au but du
voyage, mais le bruit de mon expédition m'y
avait précédé, et je regardais l'accueil qu'il allait me procurer comme une épreuve embar-
rassante pour ma modestie. Elle en fut quitte

à meilleur marché que je ne pensais. L'esprit
des provinces est soupçonneux quand il n'est
pas dénigrant. Accessible à toutes les préventions fâcheuses, il se cuirasse contre l'admiration, il se fortifie de suspensions, de restric-
tions et de réticences contre l'invasion des
nouvelles gloires. La renommée n'y a de cours
que lorsque ses lettres patentes ont été expédiées
aux bonnes villes sous la bande d'un journal
accrédité, et les journaux de l'an de grâce 1804
ne disaient mot des actrices des petits théâtres.
La liste civile des princesses dramatiques de ce
temps-là était beaucoup trop exiguë pour leur
permettre d'entretenir à grands frais une meute
d'historiographes. L'époque n'était pas arrivée
où leurs faits et gestes devaient être immatri-
culés tous les soirs dans des chroniques offi-
cieuses, comme ceux de l'Empereur de la Chine.
— On ne m'accueillit par conséquent que d'un
certain : *Nous verrons bien*, fort sec, et accom-
pagné d'un certain hochement de tête fort
dubitatif. — *Nous verrons bien*, madame,
entendez-vous? On ne vit que trop tôt, hélas,
ce que vous allez voir!

　— Permettez-moi de vous épargner la douleur de rouvrir de vos mains une blessure qui

saigne encore. N'est-il pas vrai que Lucrèce était
un peu changée ?

— Un peu changée, madame ! ah ! je reconnais
à ces tendres ménagemens la compassion d'un
cœur de femme ! Un peu changée ! grand Dieu !
elle était à faire peur !

— Déplorable témoignage de l'instabilité des
choses humaines ! voilà pourtant des tours de la
petite-vérole !

— Il n'y eut qu'un cri sur son compte, et ce
fut un cri d'épouvante ! non, non ! jamais la nature n'a humilié d'un retour plus perfide la
vanité d'une jeune fille !....

— Et la suffisance d'un jeune fat....

— J'allais vous épargner, madame, la peine
de l'apostile ; car, dans la circonstance où je
me trouvais, il ne pouvait me rester d'autre
orgueil que celui d'une humble et repentante
résignation. Toutefois, mes espérances se rat-
tachaient en secret à l'effet infaillible de son
talent. « Il faudra bien qu'ils l'admirent, m'é-
criais-je avec fierté, et leur ivresse me vengera
d'eux, et de la destinée contraire. » — Je ne
soupirais qu'après le jour du début. L'affiche
enfin l'annonça ; l'affluence fut énorme, et,
pour ne rien cacher, le public paraissait assez

24

bien disposé. J'allais, je venais; je ne me sentais
pas d'impatience. J'avais compté une à une les
mesures d'une ouverture qui ne finissait pas ,
quand la toile se leva. La pièce commençait
tout juste par un morceau de Lucrèce. O douleur ! — les rigueurs que la petite-vérole avait
exercées sur son épiderme n'étaient rien auprès
de celles dont elle avait affligé son larynx. La
malheureuse avait perdu deux notes , et ce
qu'elle conservait de sa voix de sirène aurait
cloué l'aumône de la charité dans la main de
l'auditeur le plus bénévole d'une chanteuse de
place.

— On n'a jamais rien entendu de pareil !

— C'est ce que tout le monde disait. Après
deux désappointemens aussi contrarians, j'o-
sais à peine entrevoir un dernier moyen de
salut dans les ressources incomparables de son
jeu, comme un homme qui va se noyer, et qui
se retient d'une main désespérée aux faibles
roseaux du rivage ; et Dieu sait si je fus bien
avisé d'y compter médiocrement ! Soit que l'im-
pertinence du public eût paralysé ses moyens
(style de théâtre s'il en fut jamais) soit que la
petite-vérole ait aussi quelques influences psy-
chologiques jusqu'à ce jour méconnues des sa-

vans, Lucrèce dit la comédie juste comme si
elle la chantait. Tous ces petits riens délicieux
que son visage céleste avait fait valoir tant de
fois, étaient devenus communs et maussades
sur la physionomie d'une laide. Ces subtiles
finesses de détails, ces traits exquis de naturel et de sentiment, où se pâmaient à Paris
l'orchestre et la galerie, passèrent pour gauches
dans leur naïveté, et pour maniérés dans leur
délicatesse. Enfin, le mécontentement des spec-
tateurs se manifesta par une explosion si
bruyante que la salle menaçait de crouler au
bruit des sifflets, quand le directeur aux abois
vint, tout tremblant, promettre une nouvelle
débutante à son turbulent auditoire. Lucrèce
s'évanouit, et je me sauvai fort à propos, car
si je m'étais trouvé à ses côtés quand elle reprit
connaissance, elle m'aurait certainement arra-
ché les yeux.

— Vous m'avez attendrie sur le sort de cette
pauvre créature ! je voudrais la savoir établie
en bon lieu.

— Vous n'avez qu'à parler, madame, et je la
ferai au besoin, comme Hippolyte Clairon, pré-
sident du conseil d'un Margrave ; mais, fiction
à part, je vais combler vos vœux en deux mots.

Sa mésaventure fut pour elle une source inépuisable de prospérités. Elle revint à Paris, où un
de ses amans les plus rebutés, homme de peu
d'esprit à ce que l'histoire rapporte, mais doué selon toute apparence d'une puissance incroyable
de mémoire, se crut trop heureux de la retrouver
telle qu'elle était, c'est-à-dire, aux changemens près qui s'étaient opérés en elle depuis
Brie-Comte-Robert jusqu'à Troyes inclusive-
ment. Il lui offrit son cœur et sa main qu'elle
se garda bien de refuser ; les voyages l'avaient
trop formée pour cela ; et comme l'épouseur
était un de ces beaux caractères qui ne font pas
les choses à demi, dix mois après il la laissa
veuve et douairière avec cinquante mille livres
de rente. Elle tient aujourd'hui grande maison,
grand train de gens et de chevaux, table ouverte et bureau d'esprit.

— Je respire, et j'en avais besoin après de
si rudes catastrophes !

— Vous voyez que j'ai seul à réclamer maintenant les sympathies de votre sensibilité, et
vous aurez assez à faire. Lucrèce était partie
sans me permettre de la revoir, et je lui sus
plus de gré de ce procédé que mes lettres ne lui
en témoignèrent de regrets. Elle me laissait

cependant à porter tout le poids de la dérision
et des malins quolibets, et je vous réponds
qu'on n'aurait pas été trop de deux pour le
partager. Le Pays en retentit ; les colonnes en
parlèrent, comme s'exprimaient les anciens, et
si ma modeste Athènes avait eu un Céramique,
vous devinez de quel nom les petits enfans auraient barbouillé ses murailles.

Mon arrivée dans les salons ne manquait jamais d'exciter un petit murmure qui n'avait
rien de triste, bien au contraire, mais qui me
paraissait infinement désobligeant. J'attirais à
la vérité dans les promenades les regards des
jolies femmes, et beaucoup plus que je n'avais
fait par le passé ; mais j'avais beau donner à
leur curiosité les interprétations les plus favo-
rables, je n'en étais pas autrement flatté. J'allais rarement à la comédie, et seulement quand
un spectacle qui attirait la foule me laissait
l'espoir de me soustraire à mon effrayante po-
pularité de loges et d'avant-scènes. Un peu
aguerri cependant contre les inconvéniens des
grandes réputations, je me carrais un jour avec
dignité sur le premier banc de la galerie, au
cinquième acte d'une tragédie nouvelle dont
l'auteur venait de détrôner Racine dans deux

24.

ou trois feuilletons. Je me fiais ingénument sur
ce nouveau genre de scandale pour me faire
oublier tout-à-fait, quand je remarquai subitement que la confidente profitait du loisir d'une
inutile et mortelle tirade que débitait le jeune
premier, pour chuchotter à l'oreille de la
princesse un *à parte* malicieux qui n'avait vrai-
semblablement aucun rapport direct à la pièce,
et qui n'était pas fait pour le public. Mon
cœur se serra, et une sueur froide inonda mon
front, car je croyais lire bien distinctement sur
les lèvres insolentes de la duègne maudite
l'histoire de Lucrèce et la mienne. En effet,
l'œil de la princesse décrivit lentement une
longue parabole qui embrassa presque tout
l'hémicycle de la salle, et qui finit par s'arrêter
intrépidement sur moi comme le regard du
basalic. Au même instant, les deux mégères
furent saisies d'un accès de gaieté si expansif et
si étourdissant, que le drame qui était parvenu
à l'endroit le plus pathétique ne fit plus que se
traîner, en chancelant jusqu'au dénouement,
à travers les éclats de rire. Je profitai heureusement de la confusion universelle que
produisait cette péripétie inattendue pour
gagner le corridor, l'escalier, le vestibule

et la rue. Quand je fus dehors, ma poitrine se dilata comme celle d'un homme qui
échappe à un mauvais rêve : je fais vœu,
m'écriai-je de toute la force de mes poumons,
de né jamais remettre les pieds dans ce *tripu-
dium* de saltimbanques, dussé-je être réduit à
passer désormais toutes mes soirées au théâtre
des marionnettes ! — Tu n'es réellement pas
trop dégoûté, interrompit un de mes amis qui
s'empara brusquement de mon bras, il est neuf
heures précises, et j'y allais.—Où allais-tu ?—
De quoi parlais-tu ? J'allais aux célèbres marionnettes de maître Siméon Balland de Wintertour, le plus habile et le plus ingénieux des
nombreux héritiers de Brioché. Qui n'a pas vu
les marionnettes de maître Siméon n'a rien vu,
et n'a rien vu surtout qui n'a pas vu Jeannette !
Il n'y a que les Suisses pour être si adroits en
mécaniques, et il n'y a que les filles des treize
cantons pour être aussi jolies ! C'est le rendez-
vous de la meilleure compagnie en bambins,
en bonnes appétissantes, et en fringantes femmes de chambre, une excellente société !... —
Pourquoi pas ? répondis-je en riant ! aussi bien
le spectacle est détestable, et les actrices... —
Feraient reculer une compagnie de pandours,

reprit mon étourdi. On n'en a pas vu de plus laides depuis... — Il s'interrompit par commisération. Je le compris, je soupirai, et j'allai aux marionnettes.

Ce n'est pas auprès de vous, Madame, que j'essaierai de me justifier de mon penchant puéril pour Polichinelle. Je me souviens que vous l'avez autrefois partagé, et qu'un des momens les plus doux et les plus cruels de ma vie, celui où je vous vis pour vous aimer, me fut accordé par le bizarre destin, au théâtre des Fantoccini. Je ne me doutais guère alors, que je n'étais moi-même dans vos mains qu'un pantin un peu plus industrieusement orgaisé, dont le fiel...

— Reprenez, pour Dieu, le fil de vos aventures, sans me faire jouer un rôle déplacé dans vos intrigues de marionnettes où je n'ai que faire, et permettez-moi de jouir paisiblement du bonheur de m'être dérobée à propos au funeste ascendant de votre étoile!

— M'y voilà, Madame. — C'est que les marionnettes de maître Siméon n'étaient pas des marionnettes vulgaires! C'est que son polichinelle était le Talma de tous les polichinelles passés, présens et futurs! Quel aplomb im-

perturbable ! quelle merveilleuse entente de
la scène ! qu'elle vérité naïve , et cependant
quelle perfection académique de poses et de
déclamations ! qu'elle énergie de débit ! qu'elle
magie de diction ! quel jeu surprenant de
physionomie ? et dans tout cela , quelle profonde intelligence du cœur humain ! Remarquez bien , madame , que je ne parle ici que
du polichinelle de maître Siméon ; car tous les
polichinelles que j'ai vus depuis étaient de
bois. Celui-là seul avait une âme. — Cependant,
le croiriez-vous ? au bout de quelques jours ,
car je ne manquais pas une représentation , je
devins moins exact à ma place accoutumée. A
peine Jeannette avait prêté à la femme ou à la
maîtresse du héros le charme de son débit un
peu monotone , mais naturel , expressif et
mélodieux , je venais la rejoindre au bureau,
où le directeur l'avait placée comme ces trafi-
quans rusés qui mettent à l'étalage les richesses
du magasin. Immobile contre un des piliers
portatifs de l'architecture en toile peinte , je
l'admirais sans me lasser jamais, accueillant les
chalans avec un irrésistible sourire , et distri-
buant les billets ou recevant les coupons, d'une
main plus blanche , plus agile et plus gracieuse

que celle de la jolie changeuse israélite de la galerie de Foi. J'y passais les heures trop vite écoulées. J'y aurais passé les jours et surtout les nuits. Il eût été tout simple de me prendre dans cette posture pour l'inspecteur à la recette, et je ne serais pas étonné que de bonnes gens, qui avaient entendu parler favorablement de mes talens dramatiques, se fussent imaginé en passant que je n'étais si assidu à cette place que pour y régler mes droits d'auteur.

— Je tremble de vous dire ce que j'imagine, moi ; vous me rappelez, Maxime, ce prince des contes orientaux qui avait dédaigné les bonnes grâces de la reine des Péris, et dont elle se vengea en le rendant passionnément amoureux d'une oie de sa basse-cour, qui cherchait fortune en domino rose, comme une oie évaporée qu'elle était, le long des pièces d'eau du palais. J'ai bien voulu vous faire grâce au théâtre de la rue Saint-Martin, mais je vous préviens qu'avec toute la bonne volonté possible, je suis incapable de vous pardonner une extravagance pour la commère de Polichinelle.

— C'est que vous ne l'avez pas vue, Baronne! Je croyais n'avoir rien épargné pour relever sa modeste condition, par l'illustration du grand

acteur ou de l'automate miraculenx dont elle
suivait la fortune ; il y avait dans cet arran-
gement un certain art de composition sur
lequel je comptais pour me justifier ; mais
vous êtes inexorable, parce que vous savez
que je ne suis pas peintre de portraits , et que
vous me défiez secrètement dans votre profonde malice de vous intéresser aux attraits de
Jeannette. Oh ! si je pouvais vous la montrer,
droite, menue et souple comme un roseau ; la
peau un tantet bise, mais nuée de fraîches couleurs ; le nez fin comme une alène, droit, classique, presque divin, comme celui d'une statue
grecque , et terminé par un petit méplat riant
et capricieux... comme le vôtre ; la bouche
plus vermeille que la grenade ; les dents
resplendissantes d'un émail plus diaphane et
plus poli que l'albâtre ! Si je savais des paroles
pour représenter ses longs yeux taillés en aman-
des, aux prunelles d'un bleu d'indigo, ses longs
cils, doux comme la soie et brillans comme l'a-
cier bruni, ses longs sourcils noirs, tracés en
arc sur un front lisse et harmonieux avec la
précision du pinceau, et cependant si volup-
tueusement mobiles quand ils daignaient exprimer le plaisir et l'amour ! — S'il m'était permis

de vous découvrir, avec leur chaussure coquette
de jolis bas blancs à coins roses, ses jambes toutes mignonnes dont le ciseau magique de David
aurait dévotement respecté le galbe précieux, et
auxquelles s'attachaient deux pieds qui auraient
fait mourir d'un jaloux dépit la princesse de la
Chine ! — Et quand j'y pense, cela n'était pas
difficile, car son jupon vert à liseré nacarat
était extraordinairement court. — si vous l'a-
viez vue enfin, comme je le désirais tout à
l'heure, dans l'appareil simple et séduisant de
son délicieux ajustement helvétique, vous n'auriez pas eu le courage de me blâmer, et mon
extravagance changerait de nom.

— Je veux croire à toutes ces merveilles; mais
je suis décidée, Maxime, a ne pas sortir de là.
Votre Jeannette fût-elle Vénus et mieux encore, c'était la commère de Polichinelle et vous
me faites pitié !

— C'était, hélas, comme vous dites, la commère de Polichinelle. Le vulgaire du moins ne
lui connaissait pas alors d'ailliances plus rele-
vées. Je vous sauverai donc l'ennui de mes orageuses tribulations, je ne vous dirai ni mes regards passionnés fixés sur elle par une puissance
invincible qui tenait de la fascination, ni mes

soupirs de flamme incessamment exhalés vers la
banquette où elle recevait l'argent et les hom-
mages des curieux, ni mes lettres frénétiques
où j'enchérissais sur les hyperboles encore im-
parfaitement naturalisées chez nous des roman-
ciers allemands.

— Vous écriviez à Jeannette !...

— En prose et en vers, et je vous affirme
qu'elle lisait assez couramment. Cependant, je
faisais depuis huit jours des frais de sentiment
en pure perte, et mon intrigue était si péniblement cousue, mon action traînait si nonchalamment en longueur, qu'on l'aurait jus-
tement sifflée au théâtre de Polichinelle. —
Tout à coup l'affiche indiqua la représentation
de clôture, la dernière, la véritable clôture, la
clôture sans appel et sans rémission. C'était
l'instant ou jamais de songer au dénouement,
je résolus de le brusquer. J'avais, loin de la
maison paternelle, un petit appartement clan-
destin, fort galamment décoré, dont je m'étais
pourvu dans un esprit de prévoyance, pour
donner libre carrière à des méditations mélancoliques et solitaires qui ont toujours fait mes
délices, pour revenir de temps en temps à loisir sur mes études trop négligées, peut être

25

aussi pour quelques occasions imprévues qui
se présentent quelquefois par hasard dans la
vie d'un jeune homme chargé d'affaires. J'étais
bien persuadé que ce domicile auxiliaire n'é-
tait connu que de moi, et de cinq ou six personnes tout au plus qui étaient particulière-
ment intéressées à me garder le secret. Je l'a-
vais soigneusement désigné à Jeannette au
post-scriptum de tous mes billets-doux. Le *post-
scriptum* et la partie positive des correspon-
dances amoureuses, c'est là qu'on traite les intérêts matériels d'une grande passion. Aussi ai-
je rencontré des femmes qui n'en lisent pas
autre chose.

Comme je n'avais pas reçu de Jeannette des
marques prononcées d'indifférence, et que je
croyais discerner au contraire quelques témoi-
gnages d'une tendre condescendance à mes
vœux; dans les prunelles indigo dont j'ai eu
l'honneur de vous parler, toutes les fois qu'elle
vouloit bien tourner sur moi leur disque
éblouissant je passais ordinairement à l'attendre et à l'espérer dans ma retraite philosophique tout le temps que je ne passais pas à la sup-
plier d'y venir. Le lendemain de la clôture (je
savais qu'elle devait partir le soir), je rêvais aux

moyens de l'y amener le jour même, avant que
la diligence me la ravît pour jamais, et je
commençais à entrevoir qu'il faudrait recourir
sans doute pour y parvenir à des procédés plus
ou moins impérieux qui lui laissassent tout en-
tiers les honneurs de la résistance, puisqu'elle
était décidément formaliste. J'avais en conséquence formé dix projets plus étourdis les uns
que les autres sans m'arrêter à aucun, quand
j'entendis la clé de ma porte rouler doucement
dans la serrure. La porte s'ouvrit, et Jeannette
parut plus belle que jamais, belle d'émotions,
de crainte et d'amour ! mais si troublée que ses
jambes défaillirent à l'instant où je m'élançai
au-devant d'elle pour la recevoir ; je le supposai du moins, car elle tomba dans mes bras.
Nous restâmes quelque temps muets ; — combien de temps, je ne saurais vous le dire au juste.
— Ces moments-là sont très-difficiles à mesurer.
Enfin elle se remit peu-à-peu, rétablit un léger désordre de sa toilette, que mon empressement ne m'avait pas permis de ménager
beaucoup, en l'assistant à l'imprévue dans une
crise si nouvelle pour son innocence et pour
sa timidité, et pris un fauteuil auprès de
moi. Depuis qu'elle était dans ma chambre,

la pauvre fille ne s'était pas encore assise.

Je prenais plaisir à la regarder, comme on regarde la femme qu'on aime, la première fois qu'on a quelque bonne raison de croire qu'on en est aimé. Il n'y a pas de temps à perdre. Quel fut mon étonnement quand son visage, sur lequel je pensais trouver la même expression, vint à se composer graduellement dans je ne sais quel recueillement mystérieux, jusqu'à parvenir au plus imposant caractère de solennité. Je crus d'abord qu'elle méditait un rôle pour une scène plus éminente que celle sur laquelle on lui avait appris à exercer ses talents, et il en était bien quelque chose. Je voulus m'emparer de sa main avec la liberté familière que me permettait une rencontre aussi favorable aux développmens de la plus parfaite intimité; mais elle me maintint à ma place d'un geste grave et doux à la fois, et elle prit enfin la parole dans des termes que je rapporterais volontiers, si je n'avais peur que vous n'eussiez déjà trouvé cette histoire trop longue.

—Je ne suis pas fâchée de me faire une idée du degré de dignité auquel peuvent s'élever en pareille circonstance les moyens oratoires de la commère de Polichinelle.

— « Je ne chercherai point à excuser , mon-
» sieur, dit Jeannette, la démarche qui m'a mise
» en quelque sorte à la discrétion de votre dé-
» licatesse et de votre vertu. L'estime que m'ont
» inspirée pour vous votre langage , vos let-
» tres, et la réputation de vos nobles sentimens,
» peut seule la justifier à mes propres yeux.
» J'avais besoin depuis long-temps d'épancher
» mon triste cœur dans un cœur généreux , et
» je n'ai pas été maîtresse de résister à la con-
» fiance que j'ai placée dans le vôtre, du p͏e-
» mier jour où je vous ai vu. Si je me suis
» trompée dans mes espérances , le sang d'où
» je sors me donnera heureusement assez de
» force pour que je n'hésite plus à me sou-
» mettre aux rigueurs de l'infortune qui me
» poursuit. » — Je tressaillis de surprise et
d'impatience , mais je n'interrompis point Jeannette.

— Et vous fites à merveille, Maxime ! Ceci
promet, si je ne me trompe , des révélations
d'un genre tout-à-fait nouveau.

— Elle continua. — « Je ne suis point , mon-
» sieur, l'obscure et misérable créature que
» ma condition actuelle semble annoncer. Vous
» pouvez avoir entendu parler du brave comte

» de C..., officier supérieur des Cent Suisses,
» assassiné en défendant la demeure de vos rois
» dans la fatale journée du 10 août 1792. Je
» suis sa fille unique, et le dernier rejeton de
» son illustre famille. Mon père, atteint de six
» mortelles, blessures parvint à gagner notre
» maison dans la rue Saint-Florentin, qui est
» peu éloignée du château. Je n'avais que six
» ans alors, et il me reste une idée bien vague
» de cet horrible événement. Il eut à peine le
» temps et la force de demander à me voir, et
» de me confier, baignée de ses larmes et de
» son sang, aux soins d'un valet de chambre
» dont il croyait la fidélité à toute épreuve,
» car je n'avais plus de mère. Quelques minu-
» tes après, il avait cessé de vivre. — Permet-
» tez-moi d'achever, Monsieur, car je n'ai pas
» tout dit. La fortune de mes parens, qui était
» toute réalisée en France, ne pouvait échap-
» per à la confiscation. Les faibles ressources
» que produisirent l'argent comptant et les bi-
» joux de mon père furent bientôt épuisées. Ce
» fut alors que Siméon Balland (c'est le nom du
» valet de chambre) se trouva réduit à repren-
» dre, pour exister, l'ignoble profession qu'il
» avait pratiquée dans sa première jeunesse, et

» à me donner un honteux emploi dans son
» spectacle, pour se payer des frais de mon en-
» tretien. Enfant, je subis cette nécessité sans
» juger de sa bassesse et sans apprécier ses
» conséquences. Arrivé à l'âge de penser, je
» m'y soumis sans me plaindre, parce que je
» n'y voyais point de remède. Cependant je
» connaissais ma naissance dont les titres ne
» sont pas détruits. Je savais qu'ils étaient dé-
» posés à Langres dans des mains que je crois
» sûres, et dont j'espère les retirer sans dif-
» ficulté ; mais j'avais eu le bonheur de me
» faire une résolution conforme à la cruelle
» extrémité où j'étais réduite, et je ne m'en
» serais peut-être jamais départie, si mon in-
» digne tyran, devenu veuf il y a deux ans
» ne poussait aujourd'hui mon courage aux
» derniers excès du désespoir, en m'imposant
» l'affreuse obligation d'accepter sa main et
» son nom. — Vous frémissez, Monsieur, et je
» sens que je suis comprise. — Vous ne vous
» étonnerez donc pas de m'entendre jurer que
» rien ne peut me décider à reprendre jamais
» une chaîne que je déteste, et si vous m'ai-
» mez comme vous l'avez protesté tant de fois
» en termes si éloquents, le moment est venu

» de tenir les serments que vous m'avez faits !
» Épouse, esclave ou pupille, je vous remets
» le sort de ma vie, et je vous abandonne ma
» destinée ainsi que mon cœur ! »

En achevant ces paroles, elle fit un mouvement pour tomber à mes genoux ; mais j'étais
déjà aux siens.

— Brave Maxime ! je vous vois dans la position de Don Quichotte quand il entreprit de
ravir l'infante Mélisandre aux poursuites du
farouche Marsile. Malheur aux marionnettes !

— Mademoiselle, m'écriai-je, dans la position respectueuse qui convenait désormais à
mes rapports avec elle, comptez que vous ne
serez pas trompée dans la flatteuse espérance
que vous avez fondée sur mon caractère et sur
mes principes. Les droits que j'ai sur ce modeste appartement sont, grâce au ciel, un mystère pour la ville entière, et je me crois assuré
qu'il vous soustraira aisément aux recherches de
vos persécuteurs. A compter de ce jour vous pouvez le regarder comme le vôtre ; je ne m'y pré-
senterai moi-même qu'avec votre consentement, et si je ne réussis pas à le rendre digne de
vous, je suis au moins garant qu'il ne vous y
manquera rien de ce qui peut aider une femme

jeune et sensible à supporter patiemment la
solitude, pendant que je m'occuperai avec un
zèle infatigable à vous faire rendre vos droits
et votre liberté.

— Je serais curieuse, mon ami, de savoir si
vous lui donnâtes des femmes?

— Je remplis en tout point, Madame, les
devoirs que me prescrivait une hospitalité
conciencieuse. — Je vous avouerai qu'en y
réfléchissant, je fus passablement embarrassé de
cette affaire que je ne m'attendais pas à voir
tourner au sérieux. Je n'avais pas pensé un
moment à épouser Jeannette, et c'était peut-
être le seul moyen de dénouer l'intrigue, depuis qu'elle s'était compliquée, en dépit de
moi, d'une apparence de séduction et de rapt.
Il faut que je sois bien disgracié de la Providence, dis-je d'abord, moi qui ai toujours eu
la noblesse en guignon, pour m'être engagé à
corps perdu dans une parentèle aristocratique,
en choisissant ma maîtresse aux marionnettes.
Qui diable aurait jamais pensé que le patriciat
eût passé par-là? Puisque Jeannette est comtesse, je vous demande à qui on osera maintenant se fier? — D'un autre côte, je venais de
reconnaître en Jeannette des qualités de plus

d'une espèce qui m'en rendaient plus amoureux que jamais. Ses beaux sentimens qui se
ressentaient merveilleusement de sa naissance
m'avaient pénétré aussi d'une profonde admiration ; et j'étais d'ailleurs engagé par l'honneur, règle suprême de la conduite d'un
homme bien né. Je craignais peu qu'on pénétrât le secret de sa retraite, où elle pouvait
tout au plus, comme je vous l'ai dit, recevoir
par hasard la visite de quelques femmes d'assez bonne compagnie, naturellement fort com-
patissantes pour les peines de l'amour. C'é-
taient des cœurs éprouvés. Je me livrai donc
sans réserve, suivant mon usage, à l'ivresse du
bonheur présent, sans trop m'inquiéter de
l'avenir, et le matin du cinquième jour je venais sans défiance m'informer du sommeil de
Jeannette, quand je trouvai la porte ouverte et
une femme de chambre gémissante, qui pleurait
sur sa belle maîtresse, brutalement enlevée
par les estafiers de la police.

—Je m'y attendais. Les Mores étaient en
campagne, et Marsile avait dépisté Mélisandre.

—Ajoutez, s'il vous plaît, Baronne, qu'il
venait de dépister Galiféros. Un commissaire du

quartier qui traquait le ravisseur, et qui s'était
flatté avec assez de vraisemblance, de le prendre au gîte, me requit poliment de me rendre
chez monsieur le maire, juge souverain de toutes les affaires de police occulte qui intéressent
l'honneur des familles, l'inviolabilité des comé-
diennes de province, et le bon ordre moral des
marionnettes. Le maire de ma bonne ville était
alors un excellent et respectable vieillard dont
vous pouvez vous souvenir, M. le baron D....,
qui m'aimait d'une façon toute paternelle, jusque dans les égarements où m'entraînait souvent
la fougue d'une jeunesse irréfléchie, me gron-
dait tout haut dans l'occasion, me pardonnait
tous bas en grondant, et se détournait de temps
en temps dans sa plus grande colère contre mes
folies pour rire sous cape de mes folies et de sa
colère, car il joignait à une âme parfaitement
tolerante un tour d'esprit aimable et un peu fa-
cétieux. Près de lui était assis le Vaucanson de
Wintertour, l'honorable maître Siméon Balland, qui avait rétrogradé de vingt lieues sur
son itinéraire pour venir demander justice,
quand il s'était aperçu que sa jeune première,
qui devait le rejoindre en diligence, manquait
à l'appel de la troupe comique. Je fus ému,

mais non troublé, parce que la pureté de mes
intentions me rassurait , et qu'à part quelques
détails de peu d'importance dans la matière, qui
échappaient du reste essentiellement aux investigations municipales , je pouvais prendre le
ciel à témoin de mon innocence et m'enveloper
de ma vertu. Je me sentais affermi d'ailleurs
par la justice de la cause que je venais défendre. Ah, Madame! il est bien doux de plaider pour
la beauté , l'innocence et le malheur !

   « *Quousque tandem, Catilina,* me dit d'abord
» M. le Maire.....—Mais craignant probablement
» que ce magnifique modèle de l'exorde brus-
» que ne fût trop pompeux pour la circonstan-
» ce , il se reprit aussitôt : — C'est donc vous ,
» continua-t-il d'un ton moins emphatique, mais
» aussi gravement burlesque, « c'est vous, qui
» au mépris des excellents principes que vous
» avez reçus de l'éducation, portez l'insubordi-
» nation, le désordre et le déshonneur peut-être
» parmi les sujets nomades de ce galant homme
» dont vos concitoyens ne conserveront le sou-
» venir qu'avec délectation et reconnaissance !
» Il n'y a donc plus d'asile inviolable contre vos
» déportements, puisque la pudeur ne peut pas
» même y échapper dans la loge de Polichi-

» nelle ! Il est difficile de prévoir d'après cela
» jusqu'à quels excès vous êtes capable de vous
» porter, et bien vous en prend, soit dit entre
» nous, de n'avoir pas vécu à temps pour
» souiller de pareilles profanations le collége
» des vestales et les fêtes de la bonne Déesse,
» vous n'en auriez pas été quitte à si bon mar-
» ché. Toutefois dans l'impossibilité où je me
» trouve de vous morigéner autrement, ce
» que je laisse à faire en désespoir de cause au
» temps et à l'expérience, l'honnête et pru-
» dent Siméon que voici, voulant bien repren-
» dre l'objet litigieux, sans le soumettre à une
» expertise que je n'aurais pas pu lui refuser,
» pour en constater les détériorations, avaries
» et déchets, il nous reste à régler l'indemnité
» dont vous lui êtes redevable, à raison de
» frais de voyages et de relâches forcés depuis
» que vous êtes en possession de l'actrice né-
» cessaire qui représente à elle seule tout le per-
» sonnel féminin de sa troupe. C'est à peu près à
» une centaine de francs que cela monterait
» à son compte, et c'est sur cette récla-
» mation que j'attends de vous une répon-
» se, en vous prévenant qu'il ne me pa-
» raît pas possible de donner une meilleure

26

» tournure aux suites de votre escapade. »

Je ne m'étais pas déconcerté un seul moment, et pendant qu'on aurait pu me croire
occupé à formuler, à part moi, quelque acte
de résipiscence, je méditais l'incursion la plus
audacieuse sur le terrain de l'ennemi.

« Non, Monsieur, » m'écriai-je aussitôt que
l'allocution du respectable magistrat fut terminée, « je ne souscrirai point à l'indigne
» concession qui m'est proposée ! mon devoir
» est d'éclairer votre justice sur les manœuvres
» d'un grand coupable, et je me sens la force
» de le remplir. C'est moi, Monsieur, qui viens
» demander à mon tour au nom des mœurs
» publiques dont votre autorité tutélaire est la
» première sauvegarde, que l'infortunée Jean-
» nette soit remise entre mes mains, parce que
» c'est à moi seul, comme son conseil et son
» fondé de pouvoir, d'en répondre devant les
» lois. »

— « Oh ! oh ! dit monsieur le maire, en voilà
» bien d'une autre ! de pareilles procurations
» et de pareilles cautions, nous n'en manque-
» rions pas, si on les tenait pour valables en
» justice ! »

Maître Siméon ne dit rien. Il appuya ses

deux mains sur ses genoux , comme un homme
qui a besoin d'assurer son équilibre , et fixa sur
moi des yeux ébahis.

« Il y a ici en effet, Monsieur, » continuai-je
sans me troubler , « des corps de délit qui im-
» pliquent le plus haut degré de criminalité ,
» furt inique de personne, détention arbitraire,
» et supposition d'état ; et le grand coupable
» que j'ai promis de vous désigner , c'est maî-
» tre Siméon Balland de Wintertour , se disant
» mécanicien. »

A ces mots , Siméon se releva de toute sa
hauteur, croisa ses mains au-dessous de la
ceinture et regarda mélancoliquement le plafond. Jamais je n'avais vu une physionomie qui
portât si naïvement empreint le type caractéristique d'un bon homme.

« Continuez, » dit monsieur le maire.

J'avais assez profité de mes inutiles études
pour posséder au moins quelques-uns des secrets du barreau , les apostrophes et les excla-
mations , les battologies de remplissage , les
redondances verbeuses, les gestes démantibulés
et les haut-le-corps spasmodiques des avocats
en crédit. Je débitai donc tout ce que m'avait
raconté Jeannette avec de tels effluves d'élo-

quence que je me crus assuré du gain de mon
procès, et que je me sentis ému d'un reste de
pitié en lançant au mécanicien un coup-d'œil
triomphateur. Il était retombé sur sa chaise
avant ma péroraison, et les mains appuyées
sur les yeux en signe de confusion, il semblait
attendre en sanglotant que j'eusse fini de l'ac-
cabler.

— Vengeance impitoyable! il pleurait amèrement!

— Il pleurait, Madame, il n'y a rien deplus
certain. Amèrement, c'est une autre question.
Vous avez peut-être appris dans vos excellentes
lectures que les glandes lacrymales et les mus-
cles zygomatiques appartiennent également au
rire et au pleurer. Montaigne l'a remarqué
quelque part.

— Je tremble maintenant qu'une si belle
harangue n'ait pas répondu à vos espérances.

— Précisément comme le premier plaidoyer
de Cicéron pour Milon. Siméon eut la parole à
son tour, et sans déployer à mon exemple les
ressources de la rhétorique, dont je présume
qu'il avait fait une étude fort superficielle:
« Tout ceci serait bel et bon, dit-il gaîment à
» monsieur le maire, s'il y avait un mot de

» vrai dans l'histoire qu'on vient de vous dé-
» biter, mais ce sont des bourdes à faire pâmer
» de rire mes marionnettes. Je ne dis pas que
» Monsieur soit capable de mentir, bien loin
» de là! mais c'est que notre Jeannette est
» une pièce qui en baillerait à garder à de plus
» affinés qu'il ne paraît être, sauf le respect
» que je lui dois. Vertudieu, quelle espiègle!
» Oh! c'est une charmante enfant, et qui au-
» rait fait son chemin si je n'y avais mis ordre!
» La probité avant tout. Le fait est qu'elle est
» fille légitime de mon pauvre frère Jude Bal-
» land, qui mourut il y a dix ans au pays, sans
» me laisser d'autre héritage que cette matoise.
» C'était deux ans après la malheureuse fin de
» monsieur le comte de C.... dont nous étions
» tous les deux domestiques, ainsi que ma bel-
» le-sœur Marion, mère de ma nièce Jeannette,
» car il aimait notre famille, mais pas tout-à-
» fait au point de prendre la peine de faire nos
» enfants, d'autant mieux que cette bonne Ma-
» rion, dont Dieu veuille avoir l'âme, était laide
» comme le péché, quoique bien digne femme
» au demeurant. Vous pouvez voir couramment
» toute la généalogie de l'histoire de Jeannette
» dans ces fameux papiers de Langres que

26.

» j'y ai repris avant-hier par précaution. »
Le maire les étala sur son bureau.

« Comment ces papiers se trouvaient-ils à
» Langres, et par quel hasard sont-ils tombés
» entre vos mains ? » repris-je plus modeste-
ment , car mes convictions s'ébranlaient de
plus en plus à chacune de ses paroles.

« C'est tout simple, dit Balland. Je les y avais
» expédiés pour le prochain mariage de Jean-
» nette , et son futur me les a rendus , quand
» il a vu qu'elle ne venait pas. Je me doutai
» bien qu'ils me serviraient à quelque chose.»

— « Ce n'est donc pas vous qui deviez l'é-
» pouser !....»

— « Épouser ma nièce , Monsieur ! Le ciel
» veuille m'en préserver ! Elle a trop d'esprit
» pour moi ; mais elle était sur le point de faire
» un superbe établissement. »

— « Un superbe établissement ! »

— « Sans doute. Elle allait passer en secon-
» des noces, car , afin que vous le sachiez , elle
» est veuve de mon trompette qui était un joli
» sujet ! elle était sur le point , comme je vous
» le disais, d'épouser un artiste de la plus haute
» volée , qui joignait sa troupe à la mienne.
» C'est une affaire d'or ; on n'a jamais vu per-

» sonne qui approchât de celui-là pour le saut
» du cerceau , la danse aux paniers et la volti-
» ge ; un gaillard qui descendrait de la *Iung-*
» *frau* sur un fil de fer. Il n'est pas que vous
» n'ayez entendu parler de L'INCOMPARABLE
» PÉRUVIEN ! nous sommes nés porte à por-
» te. »

— « Malédiction ! Que la foudre écrase les
» marionnettes et l'incomparable Péruvien !

— » Il ne faut pas que Monsieur s'afflige, re-
» prit Siméon en patelinant. Les affaires ne sont
» pas bien avancées , et il m'est avis , entre
» nous, que l'incomparable Péruvien ne s'en
» soucie guère. Si monsieur persistait dans ses
» bonnes intentions pour Jeannette, ce serait
» une grande satisfaction à la famille. Il est
» vrai qu'elle n'est pas comtesse ; mais les Bal-
» land sont honnêtes !

— » Pensez-vous, maître Siméon , me faire
» jouer ici une scène de Polichinelle ?

— » Non, mon ami, répondit le maire en se
penchant à mon oreille avec un sourire d'i-
ronie d'ailleurs affable et caressant ; — ce
n'est pas une scène de Polichinelle , continua-
t-il à basse voix en me tendant les papiers qu'il
venait de parcourir , et que je repoussais dou-

cement de la main ; — « c'est, Dieu me pardonne, une scène...,. »

« — De Gilles, n'est-il pas vrai ? »

Il n'ajouta pas un mot. — Je tirai cent francs de ma bourse, je les déposai devant lui, j'enfonçai mon chapeau sur mes yeux, et je m'esquivai, sans regarder derrière moi.

C'est là que finissait naturellement mon histoire.

— Pensez-vous que cette anecdote transpira dans le public, me demanda la Baronne après un moment de silence ?

— Comment, madame ! si elle transpira ! On en fit une comédie pour les marionnettes, et comme la pièce n'était pas mauvaise dans son genre, je crois qu'elle est devenue classique, de sorte que je n'ai jamais osé mettre le pied chez Séraphin, dans la crainte où j'étais de l'y voir représenter.

— Déplorable ami ! Subir tant de tribulations pour plaire à une nymphe de Paris qui devient un laideron en Champagne, et pour faire un Ménélas de l'incomparable Péruvien !

— Le premier projet qui me passa dans l'es-

prit fut d'aller me jeter à la rivière, avec une
pierre au cou.

— C'était une résolution extrême. Ne m'avez-
vous pas dit qu'on se proposait de vous marier ?

— Et à propos, pourquoi ne me parlez-vous
pas de votre future ?

— Ma foi, Baronne, je n'y pensais plus.

— Tant pis ! Vous étiez dans les meilleures
dispositions du monde pour l'affaire dont il est
question. C'était autant de gagné sur l'avenir.
Il y a des gens sans prévoyance qui ne s'avisent
de cela que le lendemain.

— Quand mon père se fut aperçu que ma
douleur commençait à se calmer, et que je
me montrais dans les rues de grand jour et le
front haut, il fallut me résoudre à faire une
visite à la famille d'Henriette. C'était le nom
de la jeune personne. Comme je passais pour
attendre encore une fortune assez sortable, et
que les grands parents avaient compté sans le
digne Salomon, sage intendant de mes menus-
plaisirs et de mes dépenses secrètes, je fus parfaitement accueilli. Après quelques moments
d'oiseux propos, entra Henriette. Elle était
jolie. Je ne vous parlerai pas de sa tournure.
Vous avez vu plus d'une jeune fille à sa sortie

de pension. Elles se ressemblent toutes. Sa mère fit, pendant quelque temps, d'inutiles efforts pour contraindre sa tête gracieuse et modeste à se soulever verticalement sur la perpendiculaire inflexible de son corps qu'elle surplombait d'une manière effrayante. Cependant la curiosité s'en mêla, et lorsqu'Henriette se fut suffisamment exercée à pousser une reconnaissance aventureuse sur le parquet jusqu'à la pointe de mes escarpins (on ne faisait pas encore de visites en bottes), elle gagna peu-à-peu du terrain en hauteur, et finit par me regarder presque horizontalement. Je n'ose dissimuler que je comptais beaucoup sur cette impression qui m'a toujours été singulièrement favorable ; mais je n'étais pas assez vain pour craindre que les résultats en devinssent funestes à une femme qui me voyait pour la première fois. Cependant la contrainte indéfinissable et convulsive qu'exprimait sa physionomie me donna une sérieuse inquiétude, quand je vis qu'elle était obligée de s'enfuir dans sa chambre pour me cacher le désordre où cette entrevue avait jeté ses esprits.

— On n'a jamais entendu parler d'un effet de sympathie aussi subit !

— Ne vous y trompez pas, Eugénie! La sympathie n'étaıt pour rien là-dedans. L'innocente
Henriette avait entendu raconter mes aventures, et tous les souvenirs de mes lamentables
amours venaient de lui apparaître à la fois. A
peine la porte fut retombée sur elle, qu'elle se
mit à son aise et qu'elle éclata sans façon.

— Pauvre petite! il en étoit temps! elle serait morte à la peine!

— Sa mère m'affirma que ces crises de
folle joie auxquelles elle était sujette ne la pos-
sédaient pas long-temps, mais je ne me trouvais pas le moindre envie de savoir positivement à quoi m'en tenir sur leur durée, et je
m'évadai comme j'en avais l'habitude en pareille circonstance. — Je vous demande pardon
si je me suis répété souvent dans cette circonstance de mon récit. C'est un des inconvénients
du sujet.

— Vous n'épousâtes donc pas?

— Non vraiment!

— Pas si ridicule! supposez que nous ve-
nons de jouer un proverbe.

— Et lequel encore?

— A quelque chose malheur est bon.

FIN.

LA MODE

La *Mode* paraît à la distances indiquées..., les publications..., une chronique [...], à Paris, de Bruxelles et de [...]..., par les artistes les plus habile [...], accompagnées de [...], de broderie et de tapisserie, qu'il est pratiquement utile. La vogue immense de [...] recueil et le meilleur éloge qu'on puisse faire. Sa place est marquée dans tous les salons du monde élégant, à la ville comme dans les châteaux.

Table des matières du premier volume 1841 (1er semestre).

LA MODE A SES LECTEURS. — CE QUE COUTA UNE PÊCHE, par Léon Gozlan. — Le théâtre de Bruxelles jugé par un Parisien. — Le Compagnon du tour de France, par G. Sand. — HISTOIRE DE MADAME DE FLEURY, par Arsène Houssaye. — Mlle Catinka Heinefetter. — Bal de la cour. — LE NID ET LA MAIN. — THÉÂTRE ROYAL. — Victor Hugo à l'Académie. — THÉÂTRE ROYAL. La Fille du Cid. — MODES DE PARIS, au bal de l'ambassade d'Angleterre, — à l'ambassade d'Autriche, — au Luxembourg, — à la préfecture, — chez le colonel Thorn, — à la séance de l'Académie, — au sermon de l'abbé Cœur. — Mlle Sophie Loeve. — Modes d'enfants. — SOIRÉES A BRUXELLES. — Mariages. — Modes parlementaires. — UNE DISTRACTION. — Un Ménage à bord, par Pitre-Chevalier. — Exposition au profit des pauvres. — THÉÂTRE. Le Verre d'eau, par E. Scribe. — Bal de la liste civile, etc. — Bal à l'ambassade de Sardaigne. — Modes d'hommes. — Bal chez M. le baron de Schwervelt, etc. — THÉÂTRE. Représentation au bénéfice de M. Jausenne. — HORTENSIA. — Bal des Tuileries. — Madame Treilhet-Nathan. — La régence de Bruxelles. — Bals du matin chez la comtesse d'Appony. — Concert de M. Listz. — Vers [...], par M. de Lamartine. — La Trompette. — Bal masqué du théâtre royal. — Julien Campestre, roman inédit de Walter Scott. — Don Juan, par H. de Balzac. — La PREMIÈRE MEUBLE DE BOULLE. — EXTRAVAGANCE. Un bal, — le bal grandiose, — le bal de vanité, — le bal indigent, — le bal de garçon, — le bal d'enfant, — le bal de célébrités, — le bal de force. — Le carnaval à Bruxelles. — GASTRONOMIE. Un dîner chez M. le marquis de Cussy. — SOIRÉES DE PARIS. — La duchesse d'Escalignac, l'hôtel Beauvau, — la duchesse de Serra Capriola, — madame de Rigny, — madame Lehon. — UN MARIAGE, par le comte Alfred de R. Courrier de Bruxelles. — Ensembles de toilettes. — Courrier de Paris, par Hippolyte Lucas. — FÉDÉRIKA, par M. Halévy. — Un bal chez Lablache. — BEAUX-ARTS. M. Auber et M. Halévy. — Les dames anglaises, — réunion Salon de 1841, par Delécluze. — Madame Dorval, — le Proscrit, — l'Orage, — Clotilde, lyrique. — Levasseur. — LE FRÈRE DE BERTRAM, par Méry. — Soirée chez M. Engler. — Les manches à gigots. — UNE AVENTURE DE CAGLIOSTRO. — Auteurs et acteurs. — Marie Borchardt. — Une aventure. — THÉÂTRE. Lazare le pâtre, — la Chaste Suzanne. — UNE SCÈNE DE BOUDOIR, par H. de Balzac. — Venise. — Le Talisman. — LES VOYAGES SCIENTIFIQUES. — Mesdemoiselles Ghirlandi. — M. Littolf. — BIBLIOGRAPHIE. Eugène Sue. — THÉÂTRE. La troupe italienne. — LA NOVICE. — Le trousseau de la mariée. — Teresa et Maria Milanôllo. — Mlle Julian. — Herman-Léon. — Mlle Varin. — Les fêtes de Chantilly. — Le magnétisme. — Le bain de poussière d'eau. — Trousseau d'une mariée du grand monde. — L'habillement des femmes depuis le commencement du monde jusqu'à nos jours. — Simonis. — Duprez. — La Juive. — SPA. — Chronique bruxelloise. — LES PRÉVENTIONS, proverbe, par Émile Souvestre. — Exposition de la Société des Amis des Arts. — THÉÂTRE. Rentrée de Laborde. — Marguerite, par madame Ancelot.

www.ingramcontent.com/pod-product-compliance
Lightning Source LLC
Chambersburg PA
CBHW050503270326
41927CB00009B/1884

* 9 7 8 2 0 1 2 1 5 0 5 7 7 *